JN121474

「なんとなく淋しい」を解決する、1匹のネコとわたしの物語

自分を愛する方法

恋の悩みに効くキルケゴール哲学

ひとみしょう

玄文社

はじめに

「なんとなく淋しい」を哲学したキルケゴール

彼氏がいるのになんとなく淋しい。どうしてもこの仕事に就きたいという仕事がないのに、いまの仕事がなんとなくつまらない。なんとなく毎日がパッとしない。だからなんとなく自分を変えたい。でも、変える方法がなんとなくわからない——これらの「なんとなく」には、じつはちゃんと理由があるんです!!

この過剰なほどの二重感嘆符に共感してくださった方は、長いあいだ漠然とした淋しさと素手で格闘してきた人ではないでしょうか。反対に、しれっと「あっそう」と思われた方は、漠然とした淋しさというものがこの世に存在することを知らない、ある意味では恵まれた方かもしれないですね。嫌味で言っているのではなく!!

いまの世の中は、というか、むかしの世の中もそうだったのかもしれないけれど、なにかにつけて論理的な理由(あるいは、多くの人が論理的と思える理由)を求めてきます。だからたとえば、「わたしはなんとなく淋しいのです」と言った場合、「なんとなくって、それどういうこと？　理由は？」と訊かれ、「いや、なんとなくはなんとなくであって……」などと答えに窮するしかなかったり（暮らしづらい世の中ですよねえ）。

ところで、いまから２００年ほど前に、なんとなく淋しいという感情について哲学した人がいました。ウィキペディアを見ると、まあまあイケメンです。名をセーレン・キルケゴールといいます。デンマークの人です。デンマークって、旅行のパンフレットなんかに「デンマークとおとぎの国」などというキャッチコピーとともに、ディズニー映画に出てくるようなかわいらしくてカラフルな家々の写真が紹介されている、あの国です。あの国といってもどの国かわからないですか？　おもちゃの「レゴ」のお膝元がデンマークですと言えばわかりますか？　位置的にはドイツの上というか、ノルウェイの下というか。

キルケゴールは恋愛が超下手でした。たとえば彼は、大好きな彼女にみずから婚約を申し出て婚約が成立したにもかかわらず、翌年みずからそれを破棄しました。また、彼の父親は彼にとても厳しかったので、途中でグレたり、反対に超マジメに生きたりしつつ、けっきょくこの世を去るまで世間にうまく馴染めなかった人でもありました。いまでも世間に馴染めない人は「引きこもり」になることがあるように、キルケゴールもまた、「プチ引きこもり」でした。彼はその生涯において何回か旅行をしたことはあるものの、生まれ育ったコペンハーゲンからほとんど出ることがなかったと言われています。

彼はまた、物理的のみならず、精神的にも引きこもりの傾向にありました。父親のことや元婚約者のこと、自分自身のことなど、ごく身近なことについて、終生、しつこすぎるほど考え続けたのでした。いまならさしずめ「ちょっと病んでる人」と呼ばれていたかもしれません。と、なにやら学校のお勉強みたいなことを書いてしまいました。

ところで、ぼくがキルケゴールを知った内発的な理由は、ぼく自身が漠然とした淋しさと二十余年にわたって格闘してきたからです。なにも好き好んで格闘してきたわけではなく、漠然とした淋しさとはなにかという問いにひとりで取り組まざるをえない状況になぜかあったということです。もちろんその間、自己啓発の本も心理学の本も読みました。小説も読みました。でもそこには、ぼくが心底納得できる答えは書かれていませんでした。自己啓発や心理学、小説が悪いということでは決してなく、ましてやそれらの本の著者が悪いということでも決してなく、そこに書かれてあることになぜか納得できなかったのです。

時間的なことをいえば、キルケゴールを知ったのは2018年のことでした。その年の7月、当時通っていた大学の哲学の先生に偶然、キルケゴールの存在を教えていただきました。それまで哲学などまったく勉強してこなかったぼくは、そのときはじめて、キルケゴールという人がかつてこの世に存在していたという事実はもとより、彼の偉大な哲学的業績や、それが2000年を超える伝統ある哲学史の一部をまぎれもなく形成している事実を知りました。

キルケゴールは湯水のように言葉をつむぐくせがあり、その文章はどちらかといえば複雑にして難解だとぼくは感じます。しかし、キルケゴールが抱いていたであろう切実さ――漠然とした淋しさとはなにか（絶望とはなにか）という問いに対するキルケゴールの切実な気持ちは、不思議なことになぜかすっと直感的に理解できました。

直後、キルケゴール哲学をもとにエッセイを書きたいと思いました。そのようなエッセイを書く能力がぼくにあるのかという問題はさておき、とにかく書きたいと思いました。なぜなら複数のインターネットサイトに恋愛コラムを連載しているぼくの脳裏に、読者のことがよぎったからです。ぼくから見えている読者というかけがえのない宝物の中に、漠然とした淋しさに苦しんでいる何人もの人の姿が見えたのです。

「淋しさ」や「閉塞感」に答えてくれるキルケゴール哲学

哲学は人生の悩みや苦しみから始めてはいけない、そんなことをすれば、それはかならず悪い思想を生み出すから。そうではなく、哲学は純粋な「子ども」の驚きからなされるべきだ――ぼくが敬愛してやまない哲学者の永井均氏はその著書においてそう言います（永井均（１９９６）p.209 要約）。この言説にしたがうなら、本書は悪い思想を書き連ねているだけの本かもしれません。もしそうであるなら、この本を出版したくないと思いました。

敬愛する永井氏に、ひとみしょうというヤツは哲学のテの字も理解していないと思われたくないから！

それでも、とぼくは思います。本書の内容がたとえ悪い思想ていどのものでしかないとしても、出版したいと。どうしても出版する必要があるとさえ思います。なぜなら、ひとり素手で漠然とした淋しさと格闘している人の胸の内が、ぼくには理解できるからです。10年ほど毎日のようにネットに掲載する恋愛コラムを書いていると、また、（とても恵まれていることに）メールやSNSなどを通じて読者と折に触れて対話していると、そういうのがなぜか自然と見えてくるのです。きっとネットは紙の本に比べ、読者との心的距離が近く、読者のこころがもつ温度感や湿度感などが、ときに痛いほどに伝わってくるからかもしれません。

どこに行ってもついてくるのが漠然とした淋しさです。誰といてもこの胸から消え去ってくれないのが漠然とした淋しさです。友だちと遊んでいるとき「みんな人生楽しそうでいいなあ」とふと思い、ひとり勝手に疎外感を抱いてしまう――これが漠然とした淋しさを抱えている人の特徴です。そのような自分を持て余しつつ「出口」を探しさまようのが、漠然とした淋しさを抱えている人の特徴です。そうですよね？

漠然とした淋しさを抱えてしまった人は、この世を去るまで漠然とした淋しさから逃れられないように思えてくる――この閉塞感をどうにかしてよ、というのが、おそらくこの本を手に取ってくださっているあなたの、切実な思いだとぼくは想像します。

その閉塞感、どうにかしてさしあげましょう。ぼくがどうにかするのではないですよ。キルケゴールがどうにかしてくれます。200年ほど前にあなたと同じく、どことなく世間に馴染めず、恋愛もうまくいかず、親ともうまくいかなかったキルケゴールが、どうにかしてくれます。希望とはなにかという問いに答えを出すためだけに全人生を賭し、おそらくはそのために命を落としたであろうキルケゴールが、どうにかしてくれます。

どうぞ安心して読みすすめてください。

なお、本書の一部は、永井均氏の何冊かの著作を参考に書かれました。とくに第2章では、永井氏がその著作において使用している言い回しをいくつも拝借しました。本来なら、それらすべての箇所を明示すべきだと理解していますが、本書の特性上、一部を除き明記しませんでした。

自分を愛する方法　恋の悩みに効くキルケゴール哲学

もくじ

第1章　「なんとなく淋しい」の「なんとなく」ってなんだろう？　17

第2章

第3章　せーちゃんの恋愛&人生相談　207

第1章

「なんとなく淋しい」の「なんとなく」ってなんだろう？

別の人間になりたい！ ここではないどこかで生きたい！

「今」の「わたし」のあり方をリセットしてくれるなにか

6月のある日、帰宅するとネコがいた。ひとり暮らしの冴《さ》えないアパートの部屋の玄関前に、まるでわたしの帰りを待つかのように黒いネコがちょこんと座っていたのだ。ネコ好きのわたしはその黒いネコに「ただいま」と言った。もちろん日本語で。続けて、少しかがんで「どこから来たの？」と尋ねた。

そのネコは琥珀色のまるくてくりくりした目でわたしを見上げ、みゃ〜と鳴いた。愛くるしいその声を聞いた瞬間、わたしはこのネコを飼いたいと強く思った。しかし同時に、わたしの理想とするネコより体躯《たいく》が細かったから（わたしはもふもふしたネコが好きなのだ）飼わないでおこうとも思った。アパートのほかの住人に見つからないように、あとからコンビニでネコのごはんを買って食べさせるだけでいいや……。

しかし玄関の鍵をあけて部屋に入ろうとしたら、なぜかそのネコも一緒に入ってきた。

「えっ？」とわたしは思ったけれど、まあどうにかなるだろうと思い、ネコが部屋に入るにまかせた。なんといってもわたしは、生まれ変わったらネコになりたいくらいネコ好きなのだ。それに明日とあさっての土日の予定はまったくないのだ。となれば、アパートのほかの住人にばれないように気をつけつつ、この子と遊ぶしかない！　と思ったというのはなんというかタテマエのようなもので、じつはわたしは仕事で疲れていて、ネコを追い出すという大仕事をしたくなかったのだ。

え？　仕事で疲れてる？　派遣社員として事務仕事しかしていないこのわたしが？　嘘でしょ？　わたしに与えられている仕事は多くないし、そう込み入った内容でもない。ワードやエクセルで資料をつくるだけだし。ではわたしはなにに疲れているのだろう？会社の人間関係？　やりがいがあるとはとても言いがたい仕事を毎日我慢しながらこなすこと？　彼氏がいないこと？　人生そのもの？

「人生に希望を見出せていない人は誰だって『疲れてる』と言うんだ」

ふいにベッドのほうから声がした。わたしはギクリとしてキョロキョロとあたりを見回した。しかし目に入ったのは、ベッドの上にちょこんと座っているさっきの黒いネコだけだった。なにかの聞きまちがいかなと思いつつも、気づけばわたしはそのネコに「えっ？」と応えていた。

ネコもまた「えっ？」と言った。

「はあぁ？」

怖くはなかった。

わたしは自分の人生に希望を見出せていない。言い方を変えるなら、なにをどう頑張っても自分のことを好きになれず、かといって自分以外の何者にもなれず、それゆえ人生に軽く絶望している。自分の人生に絶望している人は、ちょっとやそっと不思議なことが起こったくらいでは驚かないのだ。

ネコが「えっ？」と言う直前、なぜかふと、まったく別のことが頭をよぎった。

東日本大震災が起こるずいぶん前のこと、日本の多くのサラリーマンは天変地異が起きてガラガラポンになることを望んでいるという主旨の記事が、調査結果とともに新聞だか雑誌だかで紹介されていた。当時とは比較にならないほど人々の防災意識が高まったいま、もしもその記事がどこかに再掲されたら、多くの人が嫌悪感を示すにちがいない。天変地異の発生を願うのは不謹慎だと怒るにちがいない。

でも、とわたしは思う。自分が置かれている状況を自分の力で変えたいと思っても、職場や家庭などにおける人間関係に絡めとられてしまっている人の——他人の顔色をうかがいつつ生きるしかない人たちの、ある意味切実な思いを代弁しているのがこの記事ではないだろうか。決してみずから消すことのできない複雑かつ絶望的な「今」の「わたし」のあり方をリセットしてくれるなにかが起こるのを待つしかない人の、哀しみや恐れ、焦りが、わたしには理解できるのだけど……。**地震の発生を望んでいるのでは決してなく!**

「理子、その考えはまちがっていないと思うよ」

ネコがまたしゃべった。こいつはなぜ日本語がしゃべれるのだろう? なぜわたしの名前を知っているのだろう? なぜわたしがこころの中で考えていることがわかるのだろう? わたしはおおいに怪しんだ。でも次の瞬間、わたしはネコが発したその言葉にしれっと応えていた。友だちが少ないわたしは、誰かとしゃべることに飢えているのかもしれない。「まちがっていないったって、でもやっぱり、天変地異が起きてガラガラポンになるのを望んでいるという書き方は、多くの人にあらぬ誤解を与えてしまうでしょう?」

「たしかに。でもさっき理子が考えていたように、人生に絶望している人の気持ちを端的に表しているよ。みずからの人生に希望を見出せない人は、こころのどこかで人生のオールリセットを願っているんだ。まったく新しく人生をやり直したいと思っているんだ。いまの自分ではなく、別の自分に生まれ変わりたいと切実に思っているんだ。ここではないどこかで生きたいと思っているんだ。それに……」

ネコが話し続けようとしたそばから、わたしは割って入った。「ちょっと待ってよ。そもそもどうしてあなたはわたしのこころが読めるの?」

「おっと、あなたじゃなく、ましてやこいつでもなく、せーちゃんと呼んでくれないかな。ぼくの本当の名前はセーレン・キルケゴール。だから、せーちゃん。ぼく、生まれ変わるたびに、せーちゃんって呼ばれてきたんだ」

「生まれ変わる？　キルケなんちゃら？　なにそれ？」　こいつはなにを言っているのだ？

「ネコって、じつは生まれ変るの、知らないの？」　せーちゃんと呼ばれることを希望したそのネコは、こともなげにそう言った。そして続けた。

「『僕のワンダフル・ライフ』という、犬が何回も生まれ変わる映画があるでしょ？　そこに出てくる犬と同じように、じつはネコも何回も生まれ変わってこの世に存在しているんだ。あの映画はもともと犬だった犬が何回も生まれ変わるお話だけど、ぼくはもともと人間してて、人間を卒業したのちにネコに生まれ変わり、以降、15回くらいネコとして生まれ変わっているの。理子、久しぶり！」

「理子久しぶり？　はぁ？」と言った直後、わたしは10年ほど前まで実家で飼っていた愛猫のことを思い出した。いたずら好きで、でも聡明で、わたしの気持ちをよく理解してくれていた、母がせーちゃんと名付けたあの雄ネコのことを！

自分にとって切実な問題に納得できる答えを導き出すのが哲学

思い出した瞬間、なつかしさのあまり泣き出しそうになったわたしに、せーちゃんはとても冷たく言い放った。「それからさ、キルケなんちゃらではなくて、キルケゴールだ。セーレン・キルケゴール。理子はキルケゴールも知らないの？」

その棘《とげ》のある言い方に泣く気が失せたわたしは、せーちゃんよりも冷たい言い方で応えてやった。「知らない。母が松田聖子好きだから、あなたにせーちゃんと名付けたの。それに母もわたしも、最初はあなたのことを雌ネコと勘違いしてたから、せーちゃんっていう女っぽい名前をつけたの」

せーちゃんはわたしの冷たさを無視して淡々と語りはじめた。「じつはぼくね、日本でいうところの江戸時代の終わり頃にデンマークで生まれたんだ。その頃は人間してて、哲学書や小説を何冊も出版していたんだ。42歳で人間を卒業してからすぐにネコに生まれ変わって、それ以来、ずっとネコとして生まれ変わっているんだ。その中で一度だけ理子の実家にお世話になった。そのあとさらに生まれ変わって、いま理子のもとにやってきたんだ」

生まれ変わるとはどのようなことなのだろうとか、なぜ生まれ変われるのだろうとか、そんなことはどうでもよかった。わたしもいますぐネコに生まれ変わりたいという気持ちがそのような疑問に勝った。

「いいなあ！　わたしもネコになりたい！　ネコっていいよねぇ。自由気ままに暮らせて。やりたくないことはやらなくていいしさ。寝たいときに寝れるしさ。わたしもいますぐネコになりたいぃぃ」わたしは駄々っ子のようにそう言った。

「いますぐは無理だけど、理子もいずれ生まれ変わるときがきたらネコを選択するといいよ。なにに生まれ変わるかは選べるから。ここだけの話、生まれ変わる前に、神様がなにに生まれ変わりたいのか訊いてくるんだ。ネコにしますか？　犬にしますか？　バッタがいいですか？　とかって」

「バッタ？」

「うん、バッタ。この前生まれ変わるとき、神様はぼくに本当にそう言ったんだ。直後、『いまならバッタがおすすめですよ』と神様は言ったんだけど、ぼくは迷わずネコを選んだ。人間してた頃からネコになりたかったたし、ネコに生まれ変わるたびにぼくは幸せだったからね。一度だけ車に轢《ひ》かれて2年しか生きられなかったけど、でもそれはぼくの不注意だからしかたないさ。でね、バッタの話なんだけど、神様がなぜバッタをすすめてくるのかぼくにはよくわからなかったし、『いまなら』という言い方も気に食わなかった。いまならって、じゃあいつならバッタはおすすめじゃないのかと思った。でもまあ、なにはともあれ、ネコってほんと気楽でいいよ。それはそうと、理子、哲学ってむずかしそうに感じる？」

「テツガク？　うん、むずかしそうに感じる。いまわたし疲れてるから余計むずかしそうに感じる。だからテツガクという言葉は聞きたくない」

せーちゃんはわたしの返答を無視して続けた。「哲学って、じつは子どもの頃から誰でもやっているんだ。子どもの頃、わが身に迫ってくる問題ってあったでしょ？　気づけば切実に考えてしまっている問題。たとえば、どうしてわたしのお母さんはわたしに厳しいのだろう？　よそのおうちのお母さんは子どもにとてもやさしいのに、とかさ。そのような自分にとって切実な問題に、こころの底から納得できる答えを導き出すこと、それが哲学なんだ。たいていの人は、むずかしいことをむずかしい顔をして論理的に考えることが哲学だと思っている。きっと理子もそうだね？　でもそうじゃないんだ。問いが自分にとって切実なものであれば、誰だってひとりでにやってしまっているもの、それが哲学なんだ。だからさ、たとえば、ソクラテスは『無知の知』と言いましたとか、カントは悟性《ごせい》を12のカテゴリーに分けましたとか、そのような学校で教わるお勉強としての哲学は理解できなくったってべつにかまわないんだ。ソクラテスはソクラテスなりに、カントはカントなりに切実に知りたいことがあったから哲学せざるをえなかっただけのことなんだ。ちなみに、カントが立てた問いの切実さってどんなものか知りたい？」

「知りたくないです」わたしはなかばキレ気味に答えた。

「じゃあさ、ぼくが立てた問いの切実さは知りたい？　漠然とした淋しさとはなにか？　という問いに対するぼくの思いを知りたいかってこと」

「それなら知りたい！　わたしも漠然とした淋しさを抱えているから」せーちゃんと暮

らしていた10年ほど前もいまも、わたしはせーちゃんのことを全力で愛しているのだ。大好きなせーちゃんがなにを考えているのか、そんなの知りたいに決まってる！

世間に馴染めなかったキルケゴール

「ぼくが人間してた頃のこと、ぼくは教育パパである父親とまったくソリが合わなくて、5歳にしてすでに生きることじたいが苦しかったんだ。5歳にしてすでに人生に絶望していたんだ。気づけばぼくは、絶望とはなにかということを考えるようになっていた。あ、漠然とした淋しさという言い方を、哲学の世界では絶望っていうのね。もちろん、5歳のぼくは絶望という言葉を知らなかった。でも、なんていうんだろう……たとえば、言葉も涙も出ず、ただただ時が止まったかのような空気の塊を茫然と見つめるしかないような哀しみってあるでしょ？　それと同じニュアンスで、生きていることじたいが苦痛だという空気の塊のようなものを茫然と眺めるしかない時期がわりと長くあって、やがてふと気づけば、その空気の塊の中から少しずつ自分の言葉が生まれてきたんだ」

「苦痛という名の空気の塊を茫然と見つめるしかなかったと……」

「うん、そう。ぼくの父親は厳しくて、友だちと遊ぶ暇があれば勉強しなさいと毎日のようにぼくに言っていたんだ。気の弱いぼくはそういう父に反発できなかった。だから友だちと遊べなかった。蚊の鳴くような声で遊びたいと言ったら、父親は『では世界旅行をしよう』と言ってぼくを椅子に座らせるんだ。で、オーストリアのザルツブルクに行くとなんとかという通りがあって、そこにはモーツァルトの生家があって、とか、今度はスペインに行くとだな、とか、世界旅行的な話を父親が延々とするんだ。あまりにつまらなくて居眠りしそうになると、モーツァルトの生家はなんという通りにある？ とかって質問してくるんだ。そして『9番ゲトライデ通り』とぼくが答えるまで父親はずっと待っているんだ。最悪な世界旅行だったよ、まったく」

「いまでいう幼児虐待的に教育熱心なお父さんだったのね」

「そうだね。ぼくの父親は教育熱心すぎていまなら幼児虐待で訴えられそうな人だったんだ。それでね、子どもとしてほかの子どもたちと遊べなかったということもあってか、5歳のぼくは世間にうまく馴染めなかった。子どもって、遊びを通して人を知ったり世間を知ったりするでしょう？」

「そうね」

「思春期を過ぎたらやがていつかは世間に馴染めるようになるかもしれないと淡い期待を抱いたけど、ダメだった。友人関係はおろか、恋愛だってうまくいかなかった。だから、漠然とした淋しさや世間にうまく馴染めない馴染めなさについて考え続けた。じつはぼく、ちょっと引きこもったことがあるんだけど、いまでも世間に対して馴染めなさを抱えている人はわりと引きこもるじゃない？　なんとなくそういう感じだったんだ。だから、人はなぜ引きこもるのかということについても考え続けた」

恋愛が下手、親との関係がうまくいかない、世間に馴染めない、プチ引きこもり……わたしに当てはまることばかりじゃないか！　とわたしは驚いた。でもその驚きを飲み込んだ。相手がたとえ旧知の愛猫であっても、率直な思いをそのまま口にするのが恥ずかしかった。あ！　でもせーちゃんはエスパーみたいにわたしのこころを読めるんだったなと思った直後、彼は言った。

「理子さ、なにも恥ずかしがることなんかないよ。ぼくには理子のすべてが見えているし、それにぼくは理子の味方だよ。わけもなく味方なんだ。なぜもどうしてもない。ぼくはただ理子の味方としてこの世に存在しているんだ。神様が理子の味方をしなさいってぼくに言ったんだ」

マッチングアプリ、ツイッターの裏垢、おしゃれ女子

「神様？」

不思議がるわたしに、せーちゃんはひと呼吸おいて、やさしい声で続けた。

「理子はいま28歳。遅くとも中学生の頃にはすでに、漠然とした淋しさをその胸に抱え

ていた。短大卒業後、中堅の不動産会社に入社したものの、社風が合わず3年で退社。その後、人材派遣会社に登録し、時給と世間体のよい大手通信会社の本社で派遣社員として働くことにした。主な仕事内容は携帯電話の基地局工事に関する資料づくり。短大2年のときに知り合って付き合いだした彼とは、理子の転職を機に別れ、以来3年ほど彼氏がいない。いま理子には片思いしている人がいる。でも、というべきか、だから、というべきか、淋しさゆえ、誰にも内緒でマッチングアプリに偽名登録している。ツイッターの裏アカウント、通称裏垢も持っている。それらを通じて何人かの男性と寝たこともある。寝た理由はなんとなく淋しかったから。でも、寝ても漠然とした淋しさが消えないどころか膨満するような気がして、いまではマッチングアプリもツイッターの裏垢も使っていない。

「エッチの話はしないで！」わたしは語気を強めて反抗した。せーちゃんはなにも聞こえなかったかのように淡々と続けた。

「この部屋は木造アパートの2階。間取りは1DK。最寄り駅は田園都市線のあざみ野駅。周囲の人からおしゃれ女子と思われたいので、本当は二子玉川に住みたかった。しかし家賃が高すぎるので、しかたなくここあざみ野に部屋を借りた。それでも家賃は予算を1万円オーバーしている。30歳までに結婚したいと思っている。両親のことは嫌いではないが、好きでもない。彼氏がいた時期もいない時期も、漠然とした淋しさをなぜか抱えていて、それをどう解消すればいいのかわからない。やりたいことを無理に探さなくてもいいと思っているものの、やりたいことをやって輝いている人がうらやましく、自分もそうありたいと思っている。しかし他方で、結婚して専業主婦になり、平凡に生きたいとも思っている。ようするに自分がなにをしたいのかがわからないし、わかるための方法もわからない。だから仕事が終わって帰宅したら、近所のスーパーマーケットかコンビニで買った弁当を食べながら、テレビやスマホを見るだけで1日が終わってしまう。そういう自分がイヤだから、来年こそはと思い、毎年11月になると『夢実現手帳』みたいなタイトルがついている翌年の手帳を買う。しかしその手帳を活用した年はない。自己啓発に興味がなくはないので、その手の本を読んだことはあるけれど、『すべてのことに感謝しよう』、『弱い自分を許してあげよう』など、標語のような言い方にどこかしら違和を感じる」

「ぜんぶ当たってる……」気が抜けたようにわたしはつぶやいた。せーちゃんは当たり前だという表情で話を続けた。ホント、よくしゃべるネコだわ……。

「いまぼくが言った中で、理子にとってもっとも切実な問題はどれ?」

わたしは即座に「二子玉川に住めないこと」と言いたかった。でもせーちゃんの透き通るような琥珀色の目を見た瞬間、言うのをやめた。せーちゃんはいまとても真剣なのだ。わたしは少し間をおいて言った。

「なぜかいつも漠然とした淋しさがわたしの胸に巣食っていることかな。なにをしてもどこに行ってもそれはついてくるんだ。気晴らしに旅行に行ってもかならずついてくる。

それはわたしにとってとてもきついことなの」

せーちゃんはちらりとわたしの目を見て、それから遠くを見つめた。なにかを考えているようだった。やがて彼はふたたびわたしの目を見て話しはじめた。

「理子は漠然とした淋しさというか、理由のない淋しさというか、そういうものが自分のこころから消え去ってくれないことが苦痛だし、その苦痛によって生きづらさを感じているということだね？」

わたしは大きく見開いた目でせーちゃんの目をまっすぐ見つめ、「うん、そう！」と応えた。無二の親友を得た気がした。でも彼はいたって冷静だった。

「うすうす気づいていると思うけど、なんとなく淋しいという感情って、それを抱いてしまった人にとっては、そこから逃れたいと切実に思い悩む人生の大問題であるわりに、他人に理解されづらい問題なんだ。理由のある淋しさを理解する人は多いじゃない？　たとえば失恋したから淋しいとかさ、肉親を失くしたから淋しいとかさ、そういう理由のある淋しさを理解する人は多いでしょう？　でも、失恋したわけでもなければ、親が死んだわけでもなければ、友だちに無視されたわけでもないのに、ただなんとなく漠然と淋しいという――その感覚を理解できる人って少ないんだよね」

「そっか……。なんとなく淋しいですと誰かに言ったことがないから、他人がどう思っているのか、わたしにはよくわからないや」

「ためしに誰かに『わたし、なんとなく淋しいんです』と言ってみるといいよ。そしたら『頭であれこれ考えて悩んでないで、そのへんを走ってきたら気分が晴れるから』みたいなことを言われるから」

「そのへんを走ってきたらって」と言ってわたしは笑った。しかしせーちゃんは笑わなかった。それどころかさっきよりも真剣な表情になった。

「じつはこれはちっとも笑えない話なんだ。その理由はあとから理子に説明するよ。ところで、なんとなく淋しいの『なんとなく』にもじつはちゃんと理由があるんだよ」

「わたしの漠然とした淋しさに理由があるってこと？　なんとなく淋しいはなんとなくであって、理由なんかないんじゃなくて？」怪訝《けげん》そうな声でわたしはそう言った。

せーちゃんはいたずらっ子のようにニヤリと微笑んで、「その理由、知りたい？」と言った。わたしは間髪おかず「もちろん」と応えた。

漠然とした淋しさの正体

葛藤する自分を、もうひとりの自分が見て葛藤する

せーちゃんは前足と後ろ足を小さく揃えて座り直した。その座り方は惚れ惚れするくらいネコらしく、また、どこかしら誠実さを感じる座り方だった。

「あのね」とせーちゃんは言った。「いつなんどきも理子のこころを離れない漠然とした淋しさの正体とは、葛藤なんだよ」

「葛藤？　そんなありふれたものがなぜ、漠然とした淋しさの正体なの？　わたしにとってなんとなく淋しいという感情はとても複雑でややこしくて、得体の知れないもののように思えるのだけど。だってさ、毎日グレイの雲の塊を飲み込んだように生きることをわたしに暗に強制しているのが、わたしにとって漠然とした淋しさなのだから」

「感覚的に捉えるとそうなんだけど、でもよく考えてごらんよ。そもそも人間ってさ……ぼくも人間してたことがあるからわかるんだけど、人間って、葛藤する自分をもうひとりの自分が見ているでしょう？」

「もうひとりの自分?」

「そう、もうひとりの自分。たとえば、理子が彼氏がほしいと思ったとするでしょ?」

「たとえばじゃなくて、いま現実にとても切実に彼氏がほしいと思ってるの。会社の6歳年上のかっこいい先輩と付き合いたいの」

「あ、ごめん、そうだったね。理子はいま現実に彼氏がほしいと思っているでしょ? で、会社に行けば理子の目の前にそのかっこいい先輩がいるじゃない? どうして理子はその先輩に告白しないの?」

「告白する勇気を持っていないから」

「うん、まあそうだね」せーちゃんは少し不満そうな声でそう言った。そして続けた。

「あのね、勇気って、もつものじゃなくて自然と湧いてくるものなんだ。地下から水が湧いてくるとか、温泉が湧いてくるとか、そういうのと同じように、人の意思を超えてなぜか自然と湧いてくるものが勇気なんだ。だから『なぜか勇気が湧いてこないから告白できない』という言い方はありだけど、勇気を持っていないから告白できないという言い方はしてはいけないんだ。そういう言い方をしてしまえば、どこにも行けないから。だってそれは、温泉を持っていないから温泉宿をつくれないという言い方と同じだからね。それを聞いた人は、じゃあ温泉を掘ってそれを所持すれば? としか言えないでしょう? そこで話が終わってしまってどこにも行けないでしょ?」

「たしかに」

「いいかい、理子。自分が思っていることはね、どこかに行ける言い方で相手に伝えるべきなんだ。そう言ってしまったら行き止まりだという言い方で語ってはいけないんだ」

「そっか……」

黙り込むわたしに、せーちゃんは「勇気という言葉以外の言葉で、理子がその先輩に告白できない理由を言ってごらん」と、やさしい声で言った。

少し考えたのち、わたしは応えた。「わたしがその先輩に告白できないのは、断られたらイヤだなと思ってるからだと思う……」

せーちゃんはわたしの答えに一定の納得をしたのか、「なるほど」と言って微笑んだ。そしてすぐに真顔に戻って話しはじめた。

「ということは、ようするに、その先輩に告白したいという気持ちと、告白して断られたらイヤだという気持ちとが、理子のこころの中でせめぎあっている、すなわち葛藤してるってことだよね？」

「うん」

「ここで『もうひとりの自分』が登場するんだ。そんなふうに葛藤する自分をもうひとりの自分が見て、『こんなことで葛藤するわたしってイヤだなあ、そういう自分を好きになれないなあ』とか、『告白できないできなさを誰か消してよ！　できなさにがんじがらめにされているから、わたしはこんなに苦しんでいるのだから！』などと思うわけでしょ?」

「そのとおりだと思う」

「これがさ、告白したい気持ちと、告白して断られたらイヤだという気持ちとの葛藤だけなら、いずれ答えが出て話は終わるんだ。AかBかの二択なんだから、AかBを選ぶしかないからね。でも、AかBかに迷う自分をもうひとりの自分が見てしまうと、話はなかなか終わらないんだ。そんな自分を見てしまったら、たとえば『葛藤するわたしってイヤだわ〜、そんな自分を変えたいなあ』などと思って、話が『自分で自分を好きになる』とか、『なりたい自分になる』とか、そういう方向に行ってしまうでしょう? それが漠然とした淋しさの正体なんだよ。だから、漠然とした淋しさを抱えている人の中には、なりたい自分になりたいと思って、たとえば、高いお金を払って自己啓発セミナーに参加するという直接的な行動をとる人が出てくるんだ」

「葛藤する自分をもうひとりの自分が見て葛藤する……これが漠然とした淋しさの正体?」

「そう。そしてその葛藤は3つのパターンに分類できるんだ。3つのうちのひとつが『空想と現実』なんだ」

「空想と現実?」

「空想」と「現実」のあいだの葛藤

「空想と現実というのはね、たとえば、ふたたび告白の例でいうなら、理子は先輩に告白したいと思っているわけでしょ？　思うというのは想像するということだよね？　夢想するとか、空想するという言い方もできるね？　空想する人は、空想すると同時に現実も見てしまうだろ？　この場合の現実とは、告白する勇気がなぜか湧いてこない自分だね」

「うん、そうね。先輩に告白するシーンを空想するたびに、告白する勇気が湧いてこないという現実や、告白したくてもできない自分に葛藤する自分がいるという現実をわたしは見てしまう。そしてそんなふうに葛藤する自分に葛藤して、なんとなく淋しくなる」

「そうだね。そういう理子と対照的に、世の中には、葛藤が漠然とした淋しさと結びついていないように見える人がいるよね。たとえば、現実的なことに対する処理能力にすごく恵まれている人ってさ、告白したいと思うと同時に告白するのをためらう自分がいるという現実を見ても、告白するのをためらう自分がいるという現実を瞬時に消し去って、さっと告白するじゃない？　まれにそういう人っているでしょう？」

「うん、いるね。なんでも躊躇なくやってのけているように見える人。わたしの短大時代の同級生がそうだった。現実的なことに対する処理能力にすごく恵まれている人って、ほんと羨ましいよ。わたしなんてすぐ自分の殻に閉じこもっちゃって、ネガティブなことを考えちゃうんだよねぇ……。殻に閉じこもってもいいことなんてなにひとつないと頭ではわかってるんだよ。でもなぜか……」

「あのね、理子、ためらいなく告白できる人って、目に見えるものがきわめて好きだからためらいがないんだよ。目に見えるものというのは、たとえばお金とか、かっこいい男とかのことね。裏を返せば、目に見えないものをおろそかにしているんだ。対照的に、理子のように先立つ空想に行動が追いつかない人は、感覚的に生きすぎているんだ。むろん、どちらがいいとか悪いとかといった話ではない」

「わたしは夢見る夢子ちゃんだから告白できないと。で、その結果、漠然と淋しいと。対照的に、さっと告白できる人は現実主義者で、お金とかイケメンとか、そういった具体的なものがとても好きだと——ってことは、両者はそもそもまったくちがうタイプってこと?」

「いや、そうじゃないんだ。じつは両者はある1点において共通しているんだ」

「は?」

「空想と現実とのちょうどいいバランスを知らないという点において、両者は共通しているんだ」

「なるほど……バランスね……。で、どうすればバランスよく生きれるの?」

「神意を知ることでバランスよく生きられるようになる」

「は?」

「神意を知れば告白できるし、神意を知れば漠然とした淋しさから解放される」

「なにそれ? ヤバい宗教?」

「いや、そうじゃないんだ。感覚的に生きすぎている人も、目に見えないものを置き去りにしている人も、ともに神意を知らないから漠然とした淋しさを抱いているんだ。意外に思うかもしれないけど、現実主義者だって、じつは漠然と淋しいんだよ」

「そうなんだ……。で、ようするに、神意を知るためにヤバい宗教に入ればいいと。勧誘?」

「いや、そういうことでは全然ないんだ」そう言ってせーちゃんは、捨てられたネコのようなとても哀しそうな表情をした。

しばらく沈黙が続いたのち、彼は穏やかな口調で話しはじめた。

「神意って、どう説明すれば理子にわかってもらえるかな……えっとね……たとえばさ、日本だと、法事のときなんかにお坊さんが『人はみな使命を持ってこの世に生まれてきます』とかって言うらしいじゃない? その使命、言い換えると、神様に与えられたと思える役割がなんとなくでもいいから見えている人は、漠然とした淋しさから抜け出しやすいとぼくは考えているのね」

「神意ってそういうことか。なんかかっこいいね」わたしはちょっと茶化した。

「というか、ぼくは最初から神意込みで漠然とした淋しさの話をしたかったんだ。だから、神意込みではじめから語り直したいんだけど、いいかな?」

「いや、神様的な話はまた今度でいいや。だってわたし、神様にあまり興味ないから」そう応えたわたしに、せーちゃんはとても残念そうな声で「そしたら神様の話抜きで続きを話そうか」と言った。

「うん、神様抜きで続けて」とわたしは応えた。

「ぼくはさっき、葛藤は3つのパターンに分類されると言ったね? その3つのうちのひとつが、いま言った『空想と現実』だったね。あとのふたつも知りたい? 神様抜きで」

「もちろん」と私は即答した。せーちゃんは「では説明しよう」と言って微笑んだ。


なんとなく生きている自分を見る「もうひとりの自分」


「あとのふたつは、『この世的なものと永遠』、『自由と必然性』なんだ。すなわち葛藤とは、この世的なものと永遠とのあいだで行われるものでもあり、また、自由と必然性とのあいだで行われるものでもあるんだ」

「この世的なもの?」

「この世的なものというのはね、たとえば、いいところに住みたいと思う気持ちのこと。理子の場合なら、二子玉川に住みたいと思う気持ちね。ほかの例を挙げるなら、ブランドもののバッグがほしいとか、インスタ映えするレストランで食事をしたいとか。あるいは、誰にも気づかれないように同僚を蹴落として出世したいとか。ようするに、人間くさい欲求のことをこの世的なものとぼくは呼んでいるんだ。それに対して、永遠というのは神様的なことなんだ」

「ずるいよ、せーちゃん。さっき神様的な話抜きでって言ったじゃない」にがくないからと言い聞かされて飲んだ薬がじつはにがいと知って半ギレになったネコのような声でわたしは言った。せーちゃんはそのわたしの声をなんとも思わなかったのか、涼しい表情のまま話を続けた。ネコってほんと超マイペースの俺様なんだから！

「まあそう怒らないでよ。人は神様から使命のようなものを授かってこの世に生まれてきたと、ぼくはさっき言ったよね？　理子はそういうの感じる？」

「うーん、感じなくはないかな。本当はこうしたほうがいいのかもしれないとか、本当はこう生きるべきではないかといった感覚をもつとき、わたしはもしかしたら神様に与えられたなんらか使命のようなものを漠然とではあっても思い浮かべているのかもしれない。そしてそれといまの自分とを比較しているのかもしれない。本当は。よくわからないけど」

「理子はものわかりがいいね。その『本当は』というのがポイントなんだ。たとえばね、理子が思い描く『なりたい自分』とか、『理想の自分』というのは、なにも根も葉もない絵空事ではなくて、神様がこう生きなさいと言っているのを、理子はじつは知っているともいえるんだ」

「じつは……」

「なりたい自分とか理想の自分を語るとき、犯罪者になりたいですと言う人っていないでしょう? 倫理的に正しそうなことしか言わないじゃない? 神様と倫理との関係について話すと長くなるから端折《はしょ》るけど、ようするになんらかの善を想定したうえで、こうありたいとかこう生きたいと思うわけじゃない? そういう気持ちをぼくは永遠と呼ぶんだ。この世的なものと永遠とのあいだで葛藤するというのはつまり、人間くさい欲と、なんか善さそうな自分のあり方とのあいだで葛藤するということさ」

「でも、せーちゃんさ、『じつは』知っていると言ってしまえば、なんだって『じつは』と言えてしまうじゃない。じつはわたしは超能力を隠し持っているのです、でもいまはその素晴らしい能力が、なぜか表に出てきていないだけなんですとかさ。そういう考え方って、わたしはなんかちがうと思うな。わたしにはさして素晴らしい能力などないしさ。それに、『じつは』という言い方って、あと出しじゃんけんみたいなズルさを感じるよ。じつは今日は雨が降る予定だったのです(朝の天気予報で言わなかっただけで〜す)とかさ。そういうのってなんかズルくない?」

「理子、いいかい？　『じつは』とか『本当は』という考え方は実在論といって、哲学の世界ではむかしからごくふつうにあるのね。実在論とは簡単にいえば、『本当は主義』ということなんだ。本当はこうなんじゃないのか、本当はこうなっているんじゃないのか、という考えが実在論なのね。だから実在論をやわらかく言い換えると『本当は主義』ということになる。ちなみに、その反対が反実在論とか非実在論とかと言われているのね。哲学の世界ではたとえば、『真実とはなにか』ということが伝統的に議論されてきて、その議論の中では実在論と非実在論とがつねに対立しているんだ」

「ということは、『じつは』とか『本当は』と考えることは、ズルいことでもなんでもなくて、正しいことなの？」

「正しいというか、そう考えないことにはうまく言えないことがこの世にはあるということさ。たとえばそうだな……理子のようなふつうの日本人が理解しやすい例を挙げるなら……神社の鳥居に立小便する人っていないでしょう？　もともとほとんどの女子は立小便なんてしないと思うけど、男であっても鳥居に立小便する人っていないでしょう？　それはどうしてだと思う？」

「バチが当たりそうな気がするから？」

「そうだよね。きっと多くの人はバチが当たりそうだと思うから神社の鳥居に立小便しないんだよね。ということは、多くの人が『じつは』神様はいるかもしれないと思っているということでしょ？　神様なんて絶対にいないと思っていたら鳥居に立小便するでしょ？」

「うん、そうかもしれないね。わたしたち女子でいえば、恋愛神社に行って素敵な彼氏ができますようにってお祈りするというのは、こころのどこかで本当は恋愛の神様がいると思っているってことだよね」

「そうだね」

「じつは、本当は、神様がいて、自分になんらかの使命を与えているのかもしれないという考えと、なんとなく思うままに生きているいまの自分とを、つい、ふと、なぜか比較してしまう――そういう自分をもうひとりの自分が見て、『ああ、わたしはどう生きればいいのだろう』と思い悩む。これが、この世的なものと永遠との葛藤が生み出す漠然とした淋しさの正体ってこと？」

「そう、そのとおり。理子は賢いね！」


「決められていること」と「自由であること」のあいだ

誰かに賢いと褒められたのって何年ぶりだろう？　子どもの頃ぶり？　そういえば小学生のころ、親や学校の先生に意図的にいい顔をして褒めれたことがあったけど、ああいうのっていまから思えば淋しい行為だよね。だって、他人の顔色をうかがって褒められるようにふるまうって、卑怯な人のやることじゃないか……と思いつつも、せーちゃんに褒められて気分が高揚したわたしは、次なる質問をせーちゃんに投げかけることにした。

「で、さっき『自由と必然性』とかとも、せーちゃん言ってたよね？　それってどういうこと？」

「うん。人はまた、自由と必然性とのあいだで葛藤することで、漠然とした淋しさをみずから生み出す生き物でもあるんだ。これはきっと誰もがうすうす感じていることで、さしてむずかしい話ではないよ。きっと理子にも思い当たる節があるだろう？」

「うーん……自由ね……。たとえば恋愛でいえば、わたしたちは誰とでも交際できる自由を持っているよね。親が指名した人としか交際できないとか、公務員は公務員としか交際してはいけないなんて決まりがない世の中なのだから、自由に交際相手を選べるよね。でも同時に、現実的には、たとえば生まれ持った容姿や嗜好性、能力、住んでいる場所などによってその自由は制限を受けるよね」

「うん、そうだね」

「あ、そっか！　自由と必然性から葛藤が生まれるというのは、たとえばそういうことなんだ！」

「そう」

「じゃあさ、こういうのはどう？　並か並以下のルックスしかもたないわたしは、整形手術をしたいなあ、でもしないほうがいいかなあと思い悩んだことがあるんだけど、そういうのも自由と必然性が生み出した葛藤ってこと？」

「そのとおり。自由と必然性とのあいだで葛藤するというのは、言い換えれば、選べなさを選べないものとして受け入れるか受け入れないかということなんだ。親からもらうしかない容姿とは、誰にとっても選びようのないものでしょ？　その選びようのないものを整形手術で変えたいと思うと、たいていの場合葛藤が生じて、その結果、漠然とした淋しさが生まれるんだ。整形手術って、思い立ったら吉日とか、善は急げみたいに、やろうと思ってすぐやる人は少ないじゃない？　たいていの人は手術するかどうか迷い悩み、最終的には覚悟というパワーで押し切るでしょう？　というか押し切るしかないでしょ？」

「たしかに。わたしが整形手術をしないでこの顔のままで生きると決めたときも、それなりの覚悟が必要だったよ。もし手術してても、同じように覚悟が必要だったと思う」

「それは、容姿という誰にとっても選びようのないものがもつ選べなさを、選べないものとしてそのまま受け入れたほうが正しいような気もするし、手術をして容姿を変える自由を行使してもいいような気もするし、さてどうしたものかと葛藤する自分に対して葛藤することで、漠然とした淋しさを生んでしまっているからなんだ。だから、ある種の覚悟でその淋しさを強制的に断ち切る必要があったということなんだ」

「なるほど……なんとなく淋しいという気持ちって、じつはわりと具体的なのね」

「うん、絶望というものはわりと具体的に言い得るものなんだ。いまの話の流れでいうなら、選べなさを受け入れたいと思っているんだけど、なぜかどうしても受け入れることができない、そのできなさが端的に絶望だと言うこともできるね」

「ん？」

「たとえばさ、親というものは誰にとっても選びようのないものじゃない？　だから選べなさを選べなさのまま受け入れるしかないじゃない？　でも、それができない人っているじゃない？」

「わたしみたいに」

「そう、理子みたいに。選べなさを受容するしかないとわかっている自分、別の言い方をすれば、必然的なものを必然と認め、受け入れるしかないとわかっている自分と、それができず自由にあこがれる自分との葛藤を、もうひとりの自分が見て葛藤する、そこに生まれるのが絶望だということなんだよ」

「そっか……」

「もっと端的に、神様という言葉を使って説明するなら、選べなさをめぐって葛藤するとき、じつは」とせーちゃんが言うや否や、すぐさまわたしは言った。

「神様はどう考えているんだろうということを、じつはわたしたちは考えていると」

「正解！」せーちゃんは即座にそう言って、右手の肉球でわたしの頭を繰り返し撫でてくれた。

「**じつは！**が出た！」恋人を見るような目でせーちゃんを見ながら、わたしはそう言った。

ちゃんと暮らしていても毎日がパッとしない理由

目に見えるものだけを大事にする生き方

「うん、じつは、が出たね」そう言って、せーちゃんはにっこりした。でもすぐに真顔に戻った。真剣なまなざしのネコの美しさはどこかしら神がかっているな……などと、少々うっとりしているわたしに、彼は語りかけた。

「理子ね、ぼくは思うんだけど、この『じつは』というのがすごく大切なんだ。漠然とした淋しさに敏感な人は、たとえば理子のように、ぼくがこうやって話していることを理解してくれるんだ。でも世の中には、自分が漠然とした淋しさを抱えていることに気づいていない人もいて、そういう人は、ぼくに言わせると、心地いいか不快かといった感覚だけで生きているのね。こんなふうにふるまうと心地いいからそうするとかさ、そういう考えだけで生きているんだ」

「でもさ、誰でも心地いいほうを選択しながら生きているし、それでふつうじゃないの？苦行僧みたいにあえて不快なほうを選ぶ人っている？」

「苦行僧はちょっと極端な例だと思うけど、でもいるさ。精神的なものとか真理とか、そういうものを意識して生きている人はいっぱいいるさ。ところで、理子は小説って読む？」

「あまり読まないかな。でもまったく読まないわけでもなくて、ときどきブックオフで100円の文庫本を買って読むよ。読みやすいやつをね」

「だろうと思った。でもさ、世の中にはまったく小説を読まない人もいれば、まったく音楽を聴かない人もいれば、映画になんてまったく興味がないという人だっているでしょ？　そういう人はなにをしているのかといえば、たとえばお金儲けに忙しくしていたりするじゃない。なにもお金儲けが悪いと言っているのではないよ。でもね、わずかでもいいからいわゆる文化的な活動をやらないと、人間の精神は簡単に死んでしまうんだ。人間ってそんなふうにできているのね。で、精神とか魂とかと言われているものが死んでしまえば、たいていの場合、人は快不快の感覚のみに頼って生きるようになるんだ。別の言い方をすると、じつは神様がいるのではないかという気持ちが消えちゃうんだ。そうなると人は、さらに目に見えるものだけを大事にするようになるんだ」

「目に見えるものだけを大事にするようになるって、それ、どういうこと？」

「たとえばさ、マジメに暮らしているのに、彼氏ができず、仕事も楽しくなく、毎日パッとしない人っているでしょう？　1日1000円なら1000円という決まった金額をやりくりしつつ几帳面に暮らし、毎日決まった時間に会社に行く、みたいにマジメに暮らしていても、彼氏ができるとか、仕事が楽しくなるとか、そういう『いいこと』にめぐり会えない人っているじゃない？　そういう人はさ、お金とか、他人に迷惑をかけないこととか、そういう目に見えることを意識しすぎるあまり、目に見えないものの存在を忘れてしまっているんだ。他人に迷惑をかけているかどうかは、自分に対する他者のふるまいを見るとわかるから、目に見えることだと言えるよね？」

「たしかにそうね」

「正しく暮らしているのに、なぜわたしには彼氏ができないのだろうと思っている人が、『いいこと』にめぐり会えるようになるためには、目に見えないもの、すなわち、精神的な高みというか深みみたいなものを大事にしなくてはならないんだ」

せーちゃんのこの話は、そっくりそのままわたしに当てはまる話だった。決して多いとはいえないお給料を、わたしはとても大切に使っている。1日1000円しか使わないと決めているわけではないけれど、会社に水筒を持って行ったり、会社帰りに閉店間際のスーパーマーケットで半額の弁当を買って、それを翌日のお昼ごはんとして会社に持って行ったりしている。まだ結婚相手がいるわけではないけれど、30歳までに、すなわちあと2年ほどのうちに、できるだけ結婚資金を貯めておきたいと考えているからだ。同じ理由で、音楽会にも、美術館にも映画館にも行かないわたしはきっと、目に見えるものに頼りすぎているのだろう。また、他人にどう思われているかということにわたしはとても敏感だから、その意味でも目に見えるものに頼りすぎているのだろう。精神とか魂という言葉をこれまで意識してこなかったけれど、これからはそういうものも意識しよう。でも意識するってどうすることなのだろう?

目に見えない「精神」や「魂」を考える

そんなことをぼんやりと考えていたら、せーちゃんがいきなり「パリピ」と言い出した。「ところで、パリピっているでしょ? 毎日パーティーだ! イエーイ! みたいなパリピっているじゃん? パーティー・ピープルの略ね。パリピは人生を楽しんでばかりでマジメに暮らしていなさそうに見えるけれど、でもじつは、漠然とした淋しさを大量に抱えていて、それゆえマジメに悩んでいるんだ。たとえば、みんなで騒いだあと、ひとりでうちに帰りながら――たとえば始発電車の中とかで、『わたしっていつまでこんな遊び方をするのだろう。本当はちゃんとした彼氏と誠実に付き合って、結婚して子どもを産み育てたいのに』とかと思ってるんだ。でも同時に、自分が漠然とした淋しさを抱えているという事実にまったく気づいていないか、気づいていたとしても、そういう気持ちを抱えている自分を自分で認めるのが恥ずかしいと思っているんだ。あるいは、漠然とした淋しさを抱えている自分を他人に見られるのが恥ずかしいと思っているんだ。だから自他に対して漠然とした淋しさを隠そうとするんだ。だからパリピになるしかなくなるんだ」

「パリピも意外と淋しいのね」

「理子、知らなかったの？」

「うん、知らなかった。わたし、パリピの友だちいないから」

「理子はもっと、自分とカラーのちがう人と交流したほうがいい。そうしないと人がわからないから。人がわからないということは、精神と呼ばれているものとはなんなのかとか、魂とはなにかとか、そういうことがわからないということなんだ」

「精神……魂……28歳の女子にそんなこと言われても理解できないよ……」

「あのね、とりあえず精神や魂を、なぜか理由はわからないけれど大切そうに感じられること、と捉えておくといいよ。たとえばさ、ごはんを食べる前に『いただきます』って言うでしょ？　あれ、べつに言わなくてもいいじゃない？」

「いや、ネコのことは知らんけど、人間は、とくに日本人は、絶対に言うべきっしょ？」

わたしは即座にそう反論した。

「そう？　そっか……言うべきだと思っているということは、食の神様みたいな存在を理子はじつは感じているということだね」

「うん、まあ……いちおう……」

「でもさ、ぼくは思うんだけど、食の神様って目に見えないから、いるのかいないのかわからないでしょう？　とすれば、誰に向かって『いただきます』と言っているのかわかってない人もいるんじゃないかな？　なぜ言っているのかについても、たとえば食の神様に感謝するためですとか、これから食べる豚さんや牛さんの命に感謝するためですとかと言ったところで、食の神様はおろか、命だって目に見えないじゃない？」

「たしかに」

「それでも、手を合わせて『いただきます』と言う行為は、とても大切なことのように思えるよね？　目には見えないけれど、それでもやっぱり、なぜか、食の神様っていそうに思うし、命はなんらか目に見えるほかのものよりはるかに大事なもののように思えるし」

「たしかに」

「それと同じニュアンスで、精神とか魂とかというものも、なぜか理由はわからないけれど大切そうに感じられることと、いったん捉えておくといい」

なんとなく理解できるような、できないような……でも、せーちゃんの話にはどこかしら納得できるものがあると思ったわたしは、次なる質問を投げかけることにした。

漠然とした淋しさから解放された瞬間

別の人間にはなれない「選べなさ」

「せーちゃんさ、もうひとつ質問してもいい?」

「いいよ」

「わたしね、じつはね、別の人間になりたいと毎日のように思うのね。わたしが思い描く別の人間というのは、やりがいを感じる仕事をしていて、お給料がそこそこ良くて、彼氏がいて、週に1回か2回ちょっとしたレストランで彼氏か友だちと食事をして、みたいな、いわゆるリア充みたいな人なのね。リア充ってわかる?」

「うん、わかるよ。リアル、つまり現実生活が充実している人のことでしょ?」

「せーちゃん、そんなことまで知ってるんだ」

「ぼくはなんでも知っているんだよ」

「でね、そのリア充になりたいとか、リア充に生まれ変わりたいとかとわたしはよく思うんだけど、そう思った直後かならず、そう思う自分のことがイヤだなあと思うの。わたしのまわりにいるリア充はきっと、別の人間に生まれ変わりたいとかとため息まじりに思っていないと思うのね。そういう人はいまの自分がふつうに好きなんだと思うのね。あるいは自分のことが好きとか嫌いとか、そういう発想じたいを持っていないと思うの」

「うん、理子の言っていることはわかるよ。結論を先に言うと、別の人間になりたいと思うのは、選べないことがもつ選べなさを受け入れられていないからなんだ」

「選べなさ……？　さっき整形手術の話のときに出てきた、あの選べなさ？」

「うん、そう」

「選べなさがどうして？」

「順を追って話そう。ぼくも人間してた頃は、毎日のように別の人間になりたいと思っていた。毎日どころか、毎時間、毎分、毎秒、そう思っていた」

「せーちゃんもむかしはかなり重症だったのね」

「うん、絶望という名の病に侵されていたし、その侵され方はかなりひどかったと思う」

「で、せーちゃんはどうやって『別の人間になりたい病』を卒業したの？」

「34歳のある日、気がつくと、別の人間になりたいと思う気持ちが消えていたんだ」

「それどういうこと？」

「あのね、ぼくの兄や姉たちは34歳を超えて生きなかったのね。早死にだったんだ。でね、兄姉が早死にしたのは、そのむかし父が神を呪ったのが原因だとぼくは考えていたんだ。

実際に父は、ぼくが生まれる前とても貧乏で、朝から晩まで荒野を耕して働いても、わずかなお金しか手にできなかったのね。そういう不遇の中で父は『神なんてろくなもんじゃねえ』と毎日思っていたらしんだ。父が神様にそんな失礼な思いを抱いていたから、兄姉たちは神に呪われ、早死にしたのだろうとぼくは考えていたんだ」

「ほぉ……今でいうと、神社の鳥居に毎日おしっこしていたとか、なんかそういうニュアンスのことをせーちゃんのお父さんはしてたんだ」

「極端にいえばそういうことだね。でね、早死にした兄や姉がいると、ぼくも34歳を超えて生きられないだろうという思いがどうしても強くなるんだ。強くなるというか、そういう考えが知らず知らずのうちに身体じゅうに染みついちゃうのね。ほら、たとえばさ、教育ママに厳しくしつけられて、勉強ばっかりやらされて、でも親に反発できなくて『人生なにが楽しいのですか？』みたいに思って暮らしている兄や姉と毎日同じ屋根の下で暮らしていると、こっちまで『人生って苦しみに耐えつつ生きるべきものなんだ』みたいに思えてきて、実際にそう生きてしまうのと同じことさ」

「わたしはひとりっ子だけど、でもなんかわかる」

「でね、なんかちがうなあと思って、父親に反抗するために家を出たことがあったんだ。二十代の頃のことさ。父親から物理的に遠く離れることで、父の影響から抜け出せるかもしれないと思ってね。その時期はちょっと言えないようなこともした。でもさ、そんなことをしてもけっきょくは父親の影響下に生きているということに変わりないと気づいたんだ。だって、反抗的になって遊びまくるということじたいが、父親の影響を強く意識しているということだからね」

「たしかにそうね」

「でね、ぼくが25歳のとき父は亡くなるんだけど、亡くなったあとも、ぼくは父の影響から抜け出せなかった。機会があれば、なぜ抜け出せなかったのかについても話すけど、とにかくそんなふうに、33歳までのぼくの人生はつねに、父親と自分との距離をはかる人生だったんだ」

「なんか、わたしと母親との関係に近いものがあるね。でもわたしの話はあとでいいや。続けてよ」

「34歳になったとき、ぼくはなぜかふとこう思ったんだ——おれは兄や姉たちとちがって34歳を超えて生きることができた。ということは、おれの人生は父親が神を呪ったことの影響を受けていないのかもしれない。かもしれない？　いや、影響を受けていないから34歳を超えて生きているんだ、と。そう思ったとき本当にうれしかったよ。父親からやっと卒業できたと思ってね。でも同時に、父親によって救われたとも思ったんだ」

「えっ？」

「意外に思うでしょ？　ぼくのイヤな性格を形成した張本人である父親に対して、『あなたのおかげでぼくは救われた』と感謝したんだ。嫌味じゃなく本当にこころの底から感謝したんだ。ぼくが生まれる前は神を呪い、ぼくが生まれたらやたら教育熱心で、ぼくのことを厳しく育てたあのイヤな親父のことを、なぜか全面的に肯定できたんだ。その瞬間、ぼくは別の人間になりたいと思わなくなったんだ」

「ん？　34歳になるまでは、悩み深くて、つねに陰々鬱々としている自分の性格が大嫌いで、こんな性格になったのは親父のせいだ！　親父なんか嫌いだ！　と思っていたのが、34歳になったら、なぜかふと、お父さんがいたから自分はこれまで生きてこれたし、34歳を超えて生きていると、お父さんに感謝したってこと？　別の言い方をすれば、悩み深くて根暗な自分のことを、34歳になったとき、自分なりにすっと受け入れることができるようになったってこと？」

「うん、そういうこと」

35歳くらいで大きな心境の変化を経験する

「それってさ、どうして急に受け入れられるようになったの？」

「答えはいくつかあると思うけど、まず、ごく一般的な答えから言うなら、ぼくに限らず、三十代なかばでそんなふうに心境ががらりと変化する人って、まあまあいると思うんだ。たとえば、ふつうにサラリーマンをしている人が、なぜかふと急に思い立って自分で会社を立ち上げるとか。あるいは35歳くらいで、ふと40歳以降のことが気がかりになって、会社勤めをしながら資格取得のために大学や大学院に通うとか。ようは、なぜだかはわからないけど、35歳くらいって、ある種の人にとって心境が大きく変わる可能性を秘めている歳ではないかということ。自分や自分のまわりが変化していることに気づいて、その変化にすなおに従おうと思えるのが35歳くらいではないか、とも言えるね。理子だって三十代なかばになれば、なんらか大きな心境の変化を経験するかもしれないよ」

「そういうの、あこがれるよ。もうさ、漠然とした淋しさを抱えながら生きるのって、マジでしんどいことなんだよ。わたしの人生も35歳くらいでガラッと変わらないかな」

「それとね、もうひとつは」とせーちゃんは急ぐように言った。

「『世間の多くの人のように人生を楽しみたい！』という思いを、ぼくは33歳までずっと持っていたのね。自分にとっての真理とはなにか？　とか、絶望とはなにか？　というようなことばかり考えながら暗く思い詰めたように生きるのではなく、世間の多くの人のように誰かに恋したり、おいしいものをおいしいねと言って食べたり、旅行に行って日常生活から解放されたり、そんなふうに生きるにはどうすればいいのだろう？　というのが33歳までのぼくのテーマだったんだ。でもね、34歳になったとき、どうあがいてもおれは世間の多くの人のように楽しみながら生きるのは無理だと、なぜかふと悟ってしまったんだ」

「なぜか、ねえ……」

「直接的には、さっき言ったように、34歳を超えて生きているという事実そのものに驚いたから、というのが理由だよ。それだけ父親の存在がぼくの中で大きかったし、思い込みというのはそれだけ人の人生観に大きな影響を与えるということさ。でもそれ以上の理由については、話すと長くなるから、別の機会に話してあげるよ」

「わかった、約束ね」

「うん、約束する。でね、34歳になったとき、どうあがいてもおれは世間の多くの人のように楽しみながら生きるのは無理だと悟ってしまったことで、ある重大なことが理解できたんだ。それはね、かつてある女性に対してぼくから婚約を申し出て婚約しておきながら、ぼくからそれを破棄したという、その自分のしたことの意味なんだ」

「せーちゃん、自分から婚約しておいて、それを自分から破棄したの？　無茶苦茶だね！　変わってるねぇ！」

「うん、そうなんだ。ぼくは無茶苦茶だし変わってるんだ」せーちゃんは、そんなこと言われなくてもわかっているというふうにそう言った。そして続けた。「ぼくが婚約を申し出たのは、むろん彼女のことが大好きだったからなんだけど、ぼくが別の人間になりたいと思っていたからでもあるんだ。いつなんどきも快活で聡明な彼女と結婚生活をともにすることで、ぼくの陰々鬱々とした性格というか、父親の影響をもろに受けているろくでもない性格というか、そういうものを変えたかったんだ。計算高い話に聞こえるかもしれないけど、でも理子ならわかるよね？　自分を変えたいと思っている人って、なにをするにしても、これをやったらわたしは変われるかもしれないと思っちゃうでしょ？　ふと、なんの悪気もなく、なんの計算もなく」

「うん、なんかわかる。わたしが付き合いたいと思っている人は、さっきも言ったように会社の6歳上の先輩なんだけど、彼はスポーツ万能だし、明るいし、わたしみたいにふっと自分の殻に閉じこもるところがないから、彼と付き合って結婚することで、わたしの性格や人生を変えたいなあと思っているところがあるのね」

「うん、そういうようなことを、婚約した当時のぼくも考えていたんだ。でもさ、結婚生活に、あるいは彼女に、あるいは結婚したあとの自分自身に、そんなふうに期待する半面、結婚してもぼくのこのイヤな性格が変わらなければ、彼女をぼくの苦しみの世界に引きずり込むことになってしまうと思ったんだ。そして、そういうのはイヤだなあと思ったんだ」

「引きずり込まないで、せーちゃんが『彼女を守ってみせる！』と決意して、努力して前向きな性格に変われれば、それで万事ＯＫって話でしょうよ。それが男の甲斐性ってもんじゃないの？」──だってわたしは大好きなダーリンについてゆくのが夢なんだもん。

持って生まれた性格や能力は変えられない

せーちゃんはしばらくなにもしゃべらず、目を閉じてじっとしていた。わたしは彼の艶のいい黒毛をじっと見つめていた。ふと、彼はわたしの発言に傷ついたのかもしれないと思い、後悔した。

やがて目を開けたせーちゃんは、語りはじめた。

「34歳になるまで、ぼくは何度もそう考えた。おれさえしっかりしていれば、おれの手でこの性格さえ変えられたらと何度も思って、自分を責めたよ。でもね、34歳になったときわかったんだ。持って生まれた性格、言い換えれば性格のベーシックなところは、変えるとか変えないとかという性質のものではなくて、端的に選べないものなんだってね。そんな当たり前のことに気づくのに33年もかかったの？　と笑う人もいると思う。でも性格を変えたいと思ってもがいている人はつねに、その意味では必死だから、そんな当たり前のことが見えなくなってしまっているんだ」

「ちょ、ちょっと待ってよ。持って生まれた性格って変えられないものなの？　努力次第で変えれるものじゃないの？」

わたしの驚きをよそに、せーちゃんは淡々と語った。

「努力すれば持って生まれた性格を変えられるというのはただの神話だよ。どう努力しても変えられないものがこの世には確固としてあり、そのひとつはまちがいなく持って生まれた性格なんだ。もちろん、努力で変えることのできる表層的な性格はあるよ。たとえば、せっかちで人の言うことを聞かない人が、他人の話に丁寧に耳を傾けられるようになったとか、そういうのはあるよ。でも、持って生まれた性格、すなわち、人格を形成しているおおもとは変えようがないんだ。科学がなんと言おうと、それは変更不可なんだ。つまりさ、持って生まれた性格って、運動神経の良し悪しとか、リズム感の良し悪しなんかと同じなんだ。訓練してもほとんどの場合、運動神経やリズム感は良くならないだろ？」

「たしかに」

「ぼくは不思議に思うんだけど、世の中の多くの人は、運動神経が悪いからといってすごく悩まないじゃない？　ああ自分は運動神経が悪いんだと思って終わりじゃない？　でもそういう人であっても、生まれ持った性格については、努力しても変えられないという事実を認めることなく、いつまでも変えたいと悩むじゃない？　それってなんなんだろうね？」

「やっぱさ、せーちゃんが『生まれ持った性格は変えられないんです』と世間に向かって言い続けるしかないんじゃないの？」

ちょっと茶化したわたしに、せーちゃんはなんの反応も見せなかった。

「もっと卑近なことをいえば、記憶力とか、高校までの勉強をこなす要領のよさなんてのも、ぼくに言わせると持って生まれた能力なんだ。偏差値30から努力して東大に入った人は、抜群の記憶力と偏差値教育におけるタスクをこなす要領のよさをもともと持っていた人なんだ」

「わたしは偏差値教育に向いている能力を持って生まれてこなかったな……もし持って生まれてたらふつうに生きれたかなあ」

世の中の「ふつう」を疑うのが哲学

「ふつうってなに？」

「いまわたしが言ったふつうとは、わたしが出た短大よりもうちょっといい大学を出て、安定した会社で正社員として働くこと。もちろん、そういうのは恵まれた人生だと言う人がいるのはわかってる。格差社会だからね。でもわたしにとってはそれがふつうで、わたしは落ちこぼれなの。偏差値教育の落ちこぼれがこのわたしなの！」

感情的にしゃべるわたしを否定するかのような厳しい口調でせーちゃんは言った。

「理子、いいかい？　偏差値なんてどうだっていいんだ。いまはなぜか偏差値を信じている人が多い世の中だというだけのことなんだ。また、努力すれば偏差値は上がると考えている人がなぜか多いというだけのことなんだ。ぼくに言わせれば、偏差値も運動神経も音楽の能力も、全部同じなんだ。ようはすべて持って生まれた能力なんだよ。ぼくはそう考えている。だからたとえば、偏差値が低いことについて悩む人が多いわりに、音楽の能力が低いことについて悩む人が少ないのはなぜなのか、ぼくには理解できないんだ。偏差値65という頭脳的な能力と、ベートーヴェンの音楽を全身で理解できる能力とは、おそらく別物だろうから同列に比較できないと思うけど、でもベートーヴェンの音楽を全身で理解できる能力を持っているほうが、あきらかに豊かな人生になるとぼくは思うのね。でも、世間の多くの人は偏差値にはこだわるけど、音楽を理解する能力にはこだわらないでしょ？　不思議だなあと思う」

「たしかにそうだね。偏差値が低いことに悩む人が多いわりに、音楽の能力が低いことに悩む人が少ないのはなぜなのか……このテーマ、研究したらおもしろそうだね」

少し遠い目をするわたしを置き去りにして、せーちゃんは話の先を急いだ。どうして彼はこうもせっかちなのだろう。

「世間のことはさておき、個人の資質のことをいえば、たとえば情緒豊かな人の中には、偏差値教育が求める暗記力や、情報処理能力に恵まれていない恵まれなさについて悩んでいる人もいるけど、ぼくにはその恵まれなさはごく当たり前のことに思えるんだ。なぜなら、ぼくは世の中で当たり前に信じられていることを徹底的に疑ってきたからなんだ。世間はこう言うけどおれにはおれだけの真実があると、死ぬまで思っていたからね」

「おれだけの真実？」

「世間がどう言おうと、自分はこう考えるということ。一般論としてはこうです、というような考え方なんて、なんの役にも立たないと思っていたんだ。だからたとえば、いまの世の中で信じられている偏差値なんて、ぼくにとってはどうでもいいことなんだ。そもそも偏差値って学力をはかるものさしのひとつでしかないし」

「学力をはかるものさしのひとつ……」

「それでさ、これは理子に言っておかなくてはならない重要なことなんだけど、世の中で当たり前のように信じられていることについて、本当はどうなんだろうと考えること、それがまさに哲学なんだ。さっき理子はふつうに生きたいと言ったけど、**ふつうに生きたいと願ってもふつうに生きられない人は、哲学する素質をすでにじゅうぶんすぎるほど持っている**んだ。この場合のふつうとは、自分が思うふつうでいいんだ。たとえば偏差値70の人が『ふつうの人の気持ちがわからないから、生まれ変わったらふつうの人になりたい』というふつうでもいいんだ。世の中の多くの人たちがわかったつもりになっていることを、本当はどうなんだろうと問えるのは、ふつうに生きたいと願ってもなぜかふつうに生きられない人だけにしかもてない能力なんだ。ぼくはその能力を活かすことこそが、神様が理子に与えた使命だと思うけどね」

「選べなさ」を受け入れるのは不快なことではない

わたしはなにも言えなかった。たしかにそうかもしれないと言えるだけの確信ももてなければ、ちがうと反論できる材料も見つからなかったからだ。なにもしゃべらないわたしを見て、せーちゃんは静かに語りはじめた。

「陰々鬱々《いんいんうつうつ》となにかを考えたり悩んだりするぼくの性格、これは変えようのないものだ。その変えようのないものを、結婚することによって変えたいとぼくが思っていたということは、すなわち、別の人間になりたいと思っていたということだ。つまり、持って生まれた性格という選びようのないものがもつ選べなさを受け入れられていなかったという端的な事実がそこにあったということさ」

「さっき、整形手術の話のとき、せーちゃん言ってたもんね。選べなさを選べないものとして受け入れられないところに漠然とした淋しさが生まれるって」

「うん、そうだね。よく思い出してくれたね。理子は賢いね。34歳のある日、ぼくは持って生まれた自分の性格、すなわち選びようのないものがもつ選べなさを、なぜかふと、ほぼ完全に受け入れることができたんだ。だから婚約破棄した自分がじつはなにをしたのかということを直感的に理解することができたんだ。同時に、父親に感謝できたんだ。婚約破棄のことと父親のこと、ぼくにとってとても大きなこのふたつの問題に期せずして決着がついた34歳は、だからぼくの人生にとってとても大きな意味をもつんだ」

「そっか、34歳ね……わたしはあと6年しないと34にならないよ……」

せーちゃんはわたしの言葉を無視して、右手を軽く挙げて言った。

「いいかい？　人生が劇的に変わったのが34歳だったというのは、あくまでもぼくの場合は、ということだ。さっき言った35歳くらいで人生が劇的に変わる人がまあまあいるように思えるというのも、ぼくの主観的な見方でしかない。理子には理子の人生のペースというものがある。もしかしたら理子の人生は明日劇的に変わるかもしれない」

「まさか」そう言ってわたしは笑った。せーちゃんも少し笑った。でもすぐに真顔に戻って話しはじめた。

「ちなみに、選べなさを受け入れるというのは、なにもにがい薬を無理してイヤイヤ飲むといったようなことではないんだよ」

「え？」

「あの親父がいたからおれはこれまで生きてこれたと、ぼくは心底すなおに思えたんだ。また、陰々鬱々として悩み深く女々しいこの性格のおかげでこれまで生きてこれたし、これからもきっと生きていけると、なぜかふとすなおに思えたんだ。それはようするに、選べなさを『しかたなく、イヤイヤ』受け入れたのではなく、なぜかすっとすなおに受け入れられた瞬間があった、ということなんだ。この『なぜか』についても、あとから話してあげるよ」

「あとから話すことがどんどん増えていくね」と言ってわたしは笑った。

「うん、増えていくけど、あとから話すことのポイントは、なぜ34歳のぼくは、選べなさを選べないものとして、まるっと受け入れることができたのか？　という問いにおける『なぜ』とはなにか？　ということね」

「了解！　ところでさ、選べなさを受け入れられなかった頃、せーちゃんはどんなふうに暮らしていたの？」

「引きこもってたよ。ぼくのプライドはすごく高かったからね」

引きこもりを解消するには

自分の弱さを隠そうとするから引きこもりになる

「プライド？」

「うん、プライド。日本語でいうと自尊心」

「それが引きこもりとどう関係があるの？」

「まあ、ゆっくり聞いてよ。ぼくはプライドがすごく高かったのね。だからたとえば、婚約をみずから破棄した自分をどうしても自分で許せなかったんだ。だったら破棄しなければいいじゃない？　と理子は思うかもしれない。でもさっきも言ったように、どう生きるといいのかわからないというぼくの苦しみに、彼女のようなお嬢様育ちの美しくほがらかな女性を巻き込むのはまちがったことのように思えたから破棄したんだ。でもやっぱり、婚約を破棄した自分を、プライドの高さゆえ自分で許せなくて、自分のことを責めるようになったんだ。そんなふうに自分のことを責める人間はどうなるか、理子ならわかるでしょ？」

「引きこもるようになる？」

「そう、引きこもるようになるんだ。自分のことを責める自分や、自分に責められている自分を、他人に対しても自分に対しても隠したいと思うから、引きこもりになるんだ」

「うん、なんとなくわかる。わたしも週末にプチ引きこもりになることがあるから。で、引きこもっているあいだ、なにしてたの？」

「何冊も本を書いていた。美しい詩や小説、哲学的な文章などを書いて、それらを自費で出版した。じつは父親はぼくが25歳のとき、ぼくに莫大な財産を残して亡くなったんだ。ぼくが生まれる前、赤貧の暮らしの中で神を呪った父は、その後、ひょんなきっかけから商売を始めて大成功したんだ。だから財産を残すことができたんだ。その財産のほんのごく一部で、何冊もの本を世に出すことができた」

「へぇ、金持ちの息子っていいね」

「理子、そんなこと言わないでよ。金持ちの息子は金持ちの息子で大変なんだから。ぼくが小さいとき父親にされた世界旅行的トークをもっと聞かせてあげようか？　イタリアからのクロアチアからの、セルビア、ブルガリアって、どんどん話してあげるから、理子はそれらをぼくがしたみたいにすべて暗記するんだよ」

「わかったわかった。金持ちの息子も大変なのね。で、話の続き！」

「でね、出版した本を本屋さんで偶然目にした彼女に、『せーちゃんって、やっぱり素敵な人なのね』と言ってもらえることをぼくは夢見ていた。実際に本はそれなりに売れたし、彼女は町の本屋さんでぼくの本を目にしたと思う。デンマークの町は狭いし、彼女は教養の高い人だったからよく本屋に行っていたからね。でもぼくはちっともうれしくなかった」

「どうして?」

「自尊心が生み出す、人に良く思われたい、他人に評価されたいという気持ちって、けっきょくは自分と他人に対して、自分の弱さを隠そうとしているだけのことなんだ。自分が自分に対して嘘をついているという事実を、自他に対して隠そうとしているにすぎないんだ。だから隠そうとすればするほど虚しくなるんだ」

「たしかに」続けて、かわいそうなせーちゃんと言おうと思ったけど、言うのをよした。わたしも自分の気持ちに嘘をつきつつ暮らしているのだから他人事ではない。

せーちゃんは続けた。「思えばぼくは、子どもの頃からずっとその手の虚しさを抱えていたような気がする。子どもの頃は、父親の厳しさに耐えていることを友だちに打ち明けられなかった。耐えている自分が友だちにばれるのが恥ずかしかったんだ。20歳を過ぎてわりと自由に時間とお金を使えるようになったら、今度は女性にモテないことに悩んだ。ぼくみたいに年中なにかに悩んでいる暗そうな男を好きになる女性って少ないでしょ?快活に暮らし、スポーツができ、教養の高い男のほうがモテるじゃない? だから女性にモテないという事実を自分や女性に対して隠すのに精一杯だったし、そのためにお金をたくさん使った。女性にお金を使うと喜んでくれるでしょ？」

「まあ、そうね」男ってほんとに愚かだと思ったけど、それは口にしなかった。せーちゃんは、そんなわたしの気持ちに気づいたのか、背筋をピンと伸ばして座り直し、さっきより少しだけ低い男らしい声で話を続けた。

「女性関係に限らず、イヤな自分を必死になって隠しながら、とにかく別の人間になりたいと焦る気持ちでぼくの胸は張り裂けそうだった。で、さっき言ったように、34歳のある日、急に悟ったんだ。その悟りとは、ぼくにとってこういうことなんだ。すなわち、ぼくにとって別の人間になりたいと思う気持ちとは、この世的な楽しみを享受しながら生きることにあこがれる気持ちのことだと知ったということなんだ」

この世的な楽しみを享受しない生き方

「ん？　でもさ、さっきもせーちゃんに訊いたけど、誰だってこの世的な楽しみを享受する暮らしにあこがれているだろうし、それでふつうじゃないの？　おいしいものを食べたり、素敵なパートナーと恋を楽しんだり、いいお洋服を着たり……誰だってそういう享楽に多かれ少なかれあこがれを抱いているものではないの？」

「たしかにそのとおりだよ。でもぼくにとってあこがれとは、自分のイヤな性格を自分や他人に対して隠したいという気持ちの裏返しでしかなかったということなんだ。逆説的にいえば、あこがれと現実との折り合いをうまくつけられる人というのは、イヤな自分を隠そうという気持ちがそもそもない人なんだ。そういう人にとってあこがれとは、ちょっと努力したら手が届く目標みたいなものなんだ。あるいは、自分とはまったくちがう世界のことだと100%割り切れる世界のことなんだ」

「あこがれという言葉にはいろんな温度感があるのね」

「そうなんだ。ちなみに、ぼくにとってのあこがれをベースにして、理子にとってわかりやすい例を挙げようか。たとえば、やりがいのある仕事と素敵な彼氏の両方を手にする生き様にあこがれる女性というのは、高いプライドゆえ、『パッとしない仕事をしていて彼氏がいない自分を認めたくない』と思っていて、そう思う自分を自分や他人に隠したいと思っているんだ。その高いプライドや、隠すという行為じたいが、漠然とした淋しさを生んでいるということを知らずにね」

「うん、わかる。たしかにそうだね」

「そういう人は、それこそ神意を思い出すことで救われるんだ。本当はわたしはどんな使命を持ってこの世に生まれてきたのだろう？　と考えてみるべきなんだ。そしたら、いい部屋に住んで、いい洋服を着て、やりがいを感じる仕事を手に入れ、彼氏も手に入れるということではなく、多少お給料が安くても、たとえば人のためになる介護の仕事をしたほうがわたしは幸せなのではないかといった考えが芽生えたりするんだよ。あくまでもたとえばだよ。神様は社会的弱者を援護する仕事をさせるために、この世にわたしを存在させているのかもしれないと思えたら、たとえば介護の仕事をすることが自分の使命かもしれないって思えることもあるだろ？」

「そうかもしれない……」

「ぼくの場合でいえば、子どもの頃、親戚の人がぼくにおもちゃをプレゼントしてくれても、頭の中では『ぼくは本当にこのおもちゃで遊んでもいいのだろうか？　遊ぶのではなく、本当は父の言いつけどおり勉強をしないといけないのではないのだろうか』などと考えていたんだ。つまり、ぼくは子どもの頃からあこがれと現実世界のあいだを気持ちが行ったり来たりしていたんだ。言い方を変えると、いま自分がやっていることに気持ちを100％向けられない子どもだったんだ。いつも『あれかこれか』で迷っていて、そんなふうに迷っている自分をもうひとりの自分が見ていたんだ。そういう性格は、父親によって形成されたのか、それとも生まれつきなのか、いまでもわからない。でも、どっちでも同じことさ。どっちであっても、34歳のとき、ぼくはこの世的な楽しみを享受する生き方ができる性格ではないことに気づいたんだ。楽しみながら暮らすのではなくて、神様がこれをやりなさいと言っているこれとはなんなのかを絶えず自問自答する生き方をするように、ぼくという人間はできていると悟ったんだ。なぜか偶然、そういう性格になっていると気づいたんだ」

「なぜか偶然？」

「なぜか偶然についても、あとから話すよ。とても長い話になるから。ところでさ、ぼくは思うんだけど、自分がやっていることに100％集中できない人もこの世には必要なんだよ。地球上の全員がなにかに100％夢中になっていたら、たとえば火事が起きたとき全員で困っちゃうだろ？　火事が起こったことを知らせる人がいなくなっちゃうから」

たしかにそうとも言える……。

怒りの感情について

「正しい生き方」ができない自分に人は怒る

「もうひとつ質問してもいい？」恥ずかしさゆえ、せーちゃんに聞きづらく、後回しにしていた質問がわたしにはあった。それは怒りの感情についての質問だった。なぜか無性にイラっとすることがあるとか、わけもなく怒りたくなるときがあるとかと他人に打ち明けるのって、なんか恥ずかしくない？

そう思っていたら案の定、せーちゃんは「怒りの感情についてでしょ？　それについて、まずは理子なりの言葉で語ってごらん」と言った。さすがはエスパーせーちゃん……。

わたしは隠しても無駄だと思い、正直に話した。

「あのね、これまで誰にも言えなかったことなんだけど、ときどき無性になにかに対して怒ってしまうの。なにに対して怒っているのかわからないんだけど、なにかに怒っている自分がイヤでさ……怒ったあといつもイヤ～な気分になるの」

「ああ、その答えは簡単だよ。なぜ怒るのかといえば、じつは神様がいて自分に使命のようなものをもたせてくれているんだという考えを無理に否定して、自分の好きなように生きたいと強く思うからだよ。無理に否定しようとしても完全に否定しきれないのが神様だから、完全否定できないできなさにイラっとする、それが怒りの原点なんだ。別の人間という言葉を使って言うなら、別の人間になりたいのになれないとき、人は自分自身に対して怒るんだ。さっき引きこもりの話をしたでしょ？　引きこもる人は弱さゆえ、イヤな自分を自他に対して隠そうとする人だと言ったね？　怒りっぽい人というのは、そのアレンジパターンみたいなものなんだ」

「アレンジパターン？」

「引きこもったって完全には自分の弱さや挫折感を隠せないじゃない？　むしろ引きこもれば引きこもるほど、『ああ、この人は悩んでいるのね』とか『この人はなんらかに挫折したのね』などと他人に思われてしまうでしょ？　そんなふうに、隠したいのに隠せなくなったとき、人は怒るんだ。それはなぜだかわかる？」

「なぜ……う〜ん、わからない」

「じつは神様が指し示してくれている生き方を知っているからさ。じつは知っている正しい生き方どおりになぜか生きられない自分に怒るんだ。怒るんだ、というか、怒るしかないんだ」

「出た！　神様！」

ちょっとだけ茶化すかのようなわたしの発言を、せーちゃんはまったく意に介さなかった。

「たとえばさ、理子はいま、派遣社員として大手通信会社で事務の仕事をしているでしょう？　それはなぜかといえば、神様がいまの理子にそういう経験が必要だと思ったからなんだ。そういう考え方ってわかる？」

「う～ん……」

答えに窮するわたしを見て、せーちゃんはにゅーっと伸びをして座り直してから助け舟を出してくれた。「質問のしかたを変えるね。理子がいまの会社で働いているのは、ある意味では偶然だと思わない？」

「そうね……偶然と言えなくもないかな……。前に勤めていた建設会社はグレーブラックなことをホワイトと見なして、訴えられなければなにをやってもいいから売上を上げろという方針だったのね。わたしはそういう社風にまったく馴染めなかった。だってさ、お客さんに対して実行すると約束したことを、お客さんにばれなければやらなくていい、やらなかったぶんが利益になるのだから、いかに利益を上げるかを考えろと会社は言うのね。わたしにはそういうの無理だったんだ……。就活していたときにそういう社風までちゃんと調べておけばよかったんだけど、ヤバい社風って就活生の耳には入ってこないようになってるしね。その会社を辞めたのは必然というか、わたしらしい判断だったと思う。ところが、その会社を辞めて次の会社を具体的にどのように探すのかというところまで、当時のわたしは頭がまわっていなかったのよ。それに貯金も少なかったから、会社を辞めた翌週に急いでスマホで求人を探して、たまたま見つけた時給と雰囲気のよさそうな派遣会社にエントリーしたのね。そしたらすぐに派遣会社から電話があった。先にエントリーしていた人がたまたま今朝キャンセルしたから、理子さん働きませんか？　と言われて。で、まあ働こうかなと思って働きはじめたのがいまの職場なの。だから、いまの会社で働いているのは偶然といえば偶然かな」

「ということは、神様が理子にそういう経験が必要だと思ったから、理子はいまの会社に巡りあえたという言い方もできるよね」

「そう言えなくもない」

「神様が必要だと思ってやらせてくれているその仕事をね、たとえば、怒りにまかせて『あー！　もうイヤだ！　ホントのわたしはこんな会社でこんな仕事をする人間ではない！　こんな会社辞めてやる！　明日からハワイで暮らすんだ！』などと思って、実際にそうしたとしよう。ね？　ちょっとした貯金があって1か月くらいハワイで暮らせたとしよう。そういう人生ってどう思う？」

「どことなくまちがっている気がする。それにそんなふうに怒りにまかせてハワイで暮らしても、さほどいいことが起きないような気がする」

「だよね？　ぼくもそう思うんだ。ぼくがなぜそう思うのかといえば、怒りの感情とは、究極的には、神様と自分との関係から逃げることを意味するからなんだよ。神様の思惑、つまり、なんらか自分に与えられた使命を無視して好き放題に生きると、かならずうまくいかなくなるんだ。そして人は、そのことをじつは知っているんだ。だから自分自身に対して怒るんだ」

「怒りの感情ってあんがい単純な構造なのね」わたしは拍子抜けしたようにつぶやいた。

「選べなさ」を受容できるかどうかに宗教は関係ない

「でもさ、これまでのせーちゃんの話って、神様を信じないと漠然とした淋しさは取り除かれないということだけを言っているようにも聞こえるんだけど」

せーちゃんは少し考えたのちに言った。「たしかにそう聞こえるかもしれないね。そもそも、ぼくのことを研究している人たちは、ぼくが信仰熱心だったから漠然とした淋しさから卒業できたと考えているんだ。だからいままでも、大学の神学科の人たちやキリスト教関係者から、ぼくは人気があるんだ。でもね、信仰のことばかりを取り上げてほしくないとぼくはひそかに思ってる。持って生まれた性格や親など、選べないものがもつ選べなさを、選べないものとして認め、受け入れることができた瞬間がなぜか奇跡的にあったから、ぼくは期せずして漠然とした淋しさから卒業することができたんだ。もちろんぼくは熱心にキリスト教を信仰したよ。でも、ぼくは思うんだけど、仮にぼくが熱心な仏教徒であったとしても、あるいは神道を熱心に勉強していたとしても、けっきょくは選べないものがもつ選べなさを受容できた瞬間がぼくの人生にあったはずだ」

「そっか……」

「ようするにさ、選べなさを受容できる／できないは、神様の種類によらないとぼくは思うんだ」

「神様の種類によらない、か……」

「そのことを、理子にも研究者たちにもわかってもらいたいと思ってるんだ。だって、キルケゴールは敬虔なクリスチャンだったから絶望の淵から救われましたという言い方をしてしまえば、絶望している非クリスチャンが救われないだろ？　それっておかしいとぼくは思うんだ。信仰する宗教に関係なく、また無宗教の人であっても、人は誰でも漠然とした淋しさを抱いてしまうものだし、そこから救われる可能性を持っているとぼくは考えているから」

「うん、それはわかるけど、選べないものがもつ選べなさを、選べないものとして認め、受け入れられた瞬間がなぜあったのかというのがわからないと、いまのせーちゃんの発言に納得できないよ」

「え？」

珍しくせーちゃんが聞き返してきた。

「なぜか奇跡的にというせーちゃんの言い方がモヤモヤして気持ち悪いの」

「ごめん。そしたら、これまでの話の中であとから話すと言って保留にしてあった『なぜか偶然』や『なぜか奇跡的に』ということについて、このあと具体的に話そうか」

「うん、そうして！」なんらかせーちゃんの核心に触れられそうに思い、わたしはわくわくしながらそう応えた。

第2章

女子がもつ一般的な悩みに対する答え

なんとなく淋しくてセックスしてしまう人とは

「過去を生きてしまう自分」に反抗する自分

せーちゃんは、どう説明すればわたしが「偶然」とか「たまたま」とか「奇跡的」という言い方を理解できるのかについて考えているように見えた。せーちゃんってほんとやさしいのね、と思った次の瞬間、大きく裏切られた思いがした。

「理子さあ、偶然とかたまたまについて話す前に、なんとなく淋しいからという理由で適当な相手とセックスしてしまう人は、なぜセックスしてしまうのかということについて話しておきたいんだ」せーちゃんはしれっとそう言って、長いしっぽをピンと立てた。偉そうに！

「いや、だからせーちゃんさ、エッチの話はしなくっていいってば」

「理子はどうしてそんなにセックスの話を嫌がるの？」せーちゃんのいじわる……。「あのね、いい？　女の子はそういうことをおおっぴらに語ってほしくないの。淋しいからエッチするというのは、誰にも内緒で隠れてコソコソやることなの」

「理子、そこ！」
「えっ？」
「隠れてコソコソやるということはどういうことなのか、さっきぼくが言ったよね？」
「隠れてコソコソやることそれじたいが、漠然とした淋しさを生み出してしまってい
る？」
「そう、そのとおり！　だから、セックスしてもしても漠然とした淋しさが消えてなく
なってくれないんだ」
「たしかにそうだね……わたしはてっきり、淋しいから誰かとエッチしてしまうという
のは倫理的に善くない行為だから、エッチしてもしても漠然とした淋しさから逃れられな
いのかと思ってたよ」
「倫理的に善くない？　セックスが？」
「うん、セックスが」
「そうかなあ……性行為と倫理って結びつくのかなあ。ぼくは結びつかないと思うけど
なあ。だって、セックスはセックス単体で存在する行為だし、倫理は倫理としてただそこ
に存在しているだけじゃないか。性行為と倫理をセットで考える人がこの世に大勢いるの
は知っているけど、でもどうしてセットで考えなくてはならないのかな？」
「う〜ん、なんでかな？」

「あのさ、セックスそれじたいがなぜ倫理的に善くない行為なの？　そんなことを言い出したら、子をもつお父さんとお母さんは倫理的に善くない行為をしたということになってしまうでしょう？　生まれてきた子——たとえば理子は、倫理的に善くない行為の産物？　ちがうでしょ？　たとえなんとなく淋しいふたりがエッチして子どもができたとしても、生まれてきた子にはそんなこととはなんら関係ないじゃない？」

「たしかに」

「理子、いいかい？　性行為を倫理的に善くない行為だとする見方は、たまたま大勢の人が性行為と倫理をセットにして考えるくせを持っていて、なおかつ、性行為が倫理的に善と言いがたい行為だとなぜか信じているから、今の世の中で幅を利かせている見方なんだ」

「それだけのことなの？」

「うん、それだけのことだ。むろん、倫理を絶対的なものと見なす人は、ぼくの考えに猛反対するどころか怒ると思う。でも、性行為と倫理を別々に考える考え方だってこの世にあっていいと思わない？　それとも、あってはいけない理由って、なにかあるのかな？」

「あってはいけない理由ね……そう言われたら、あってはいけない理由はとくにないように思う」

「ではいまは、性行為と倫理を別に考えることにしよう。ところで、最初の問いである

『なんとなく淋しいからという理由で適当な相手とセックスしてしまう人は、なぜセックスしてしまうのか』ということについて、理子はなぜだと思う?」

「え?　いきなりわたしに振るの?　そんなのわたしにわかるわけないじゃない」

「あのね、漠然とした淋しさゆえ誰かとセックスする人は、今という時がもつ動きを感じたくても感じることのできない自分自身に反抗しているのね」

「え?　よくわからない」

「順を追って話そうか。まずね、なんとなく淋しいからという理由で適当な相手とセックスしてしまう人は、『今』を生きたいと渇望しても、どうしてもそうできず、過去に生きるしかない人なんだ」

「うん……続けて……」

「今を生きられない現実の自分と、今を生きたいと願う自分とが葛藤した結果、今を生きたいという気持ちが、過去を生きてしまう自分に反抗するんだ。つまり、なんとなく淋しいからという理由で適当な相手とセックスしてしまう人は、現実の自分に反抗しているんだ。その反抗がセックスという行為をさせてしまうんだ」

「話が複雑すぎてよくわからないよ。まず、過去に生きているって、それ、どういうこと?」

「さっきから言っているように、漠然とした淋しさを抱えている人は、たとえば別の人間になりたいと思うゆえ、どうすれば別の人間になれるのだろうと考えているよね？　あるいは、親とうまくいっていない人は、どうすれば親とうまくいくのだろうと考えているよね？　考えるというのは言葉を使って考えるということでしょ？」

「うん、言葉を使って考えるよね」

「言葉はつねに過去なんだ」

「なにそれ？　言葉はつねに過去？」

「『今』という時は、『イマ』と言ったそばから過去になるよね？」

「うん、たしかに」

「今感じていることを言葉にしようとすれば、つねに『いまさっきそう思っていた』と過去形でしか言えないじゃない？」

「たしかにそうだね。今感じていることを言葉にすると、それはつねに過去になってしまうね」

「つまり、言葉は過去なんだ。対して、『今』とは決して言葉にできない時のことなんだ。ということは、どういうことが言えると思う？」

「……」

「ぼくたちは言葉にできることとできないことの両方の中で生きているということが言えると思わない？　繰り返すけど、今感じていることというのは、今この瞬間に言葉にできないね。つねに『いまさっきこう感じていた／こう考えていた』と過去形で言うしかないだろ？　だから『今』以外はすべて過去なんだよ」

セックスはもっとも手っ取り早く「今」を感じられる行為

「未来も過去ってこと？」

「そうだよ。未来というのは、今、先のことを予測するとか、今、先のことに思いを馳せるということでしょ？　予測するにしても思いを馳せるにしても、言葉を使うよね？　言葉はつねに過去だから、未来のことについて考えるのは過去なんだ。もちろん言うまでもなく、過去のことをよくよと思い悩むのも、過去に生きているということなんだ」

「なるほど、そういうことか。つまりさ、たとえば親とうまくいかなかった過去のことを今悩んだり、これから先もきっと親とうまくいかないかもしれないなどと未来のことを今思いわずらったりするというのは、ようするに過去に生きていると言えるってことか！」

「そう、そういうこと！」

「で？　過去とセックスって、どういう関係にあるの？」

「なんとなく淋しいときになされるセックスって、『今』を生きたいと欲する自分が、どうしても過去を生きてしまう自分に反抗するところから生まれると、さっき言ったよね？　反抗することで『今』を感じようと思えば、性行為がもっとも手っ取り早いんだ」

「もっとも手っ取り早く『今』を感じられる行為が性行為ってこと？」

「うん、そう。あのね、性行為の最中に『元カレはこんなふうにはしなかったな』などと過去のことを思い出すこともあると思うけど、ふつうは今この瞬間に感じている快感や、今この瞬間に感じている相手のぬくもりに集中するでしょう？　言葉にならない感覚の世界に浸るでしょ？」

「うん、そうね。イキそうな時とかって、頭の中が真っ白になるし」

「その集中と、絶えず動いている『今』という時の動きとがなぜかリンクするのが性行為なんだ。その集中は言葉にできないでしょ？　あとから、たとえば『頭の中が真っ白になる感じ』とは言えるけど、集中しているまさにその時その瞬間に、その集中を言語化しろと言われても無理でしょ？」

「たしかにそうね」

「話のポイントは、『今』という時がもつ動きはけっして言葉にできないってことさ。『今』感じていることはつねに過去形でしか言えないってこと」

「うん。それは理解できた」

「エッチに集中しているときって、絶えずなにかを感じているでしょ？　その感覚の動きも、『今』という時がもつ動きも、ともに言葉にできないじゃない？　言えなさという点において、感覚することと『今』って似ているんだ。別の言い方をするなら、なにかに集中しているときだけ、今という時がなぜか持っている動性をすなおに感じ、それに添うように生きているのが人間だということだよ」

「頭の中が真っ白になるとか、気持ちよさに恍惚となるというのは、言葉の世界ではなく完全なる感覚の世界だから、今という時がもつ動きを感じやすいってこと？」

「そう言えるかもしれないね。性行為以外にも、たとえば本を読んでいたら気がつけば3時間経っていたというときだって、本人は意識していないものの、じつは今という時の動きに自分の気持ちの動きが添っていたから時が経つのを忘れていたと言えるかもしれないよ。ほら、動いている電車から、同じ速さで走っている隣の電車を見たら、互いに止まっているように感じるだろ？　たとえばそんな感じで、今という時がもつ動きと、自分の気持ちの動きとが同じである場合、人は時が経つのを忘れてしまうと言うんだ」

「今」という時の動きを感じられない自分

「あー、なるほどね」

「そして多くの人は、そうやってなにかに没頭することを『いいこと』、『自分もやってみたいこと』と思っているでしょ？　なんとなく淋しいなあとか、なんとなくやりたいことが見つからないなあと思いながら暮らすのではなく、1日の中のわずかな時間でもいいから、なにかに打ち込める時間を持ちたいと思っているでしょ？」

「うん、わたしもそうね」

「それはさ、じつは『今』という時がもつ動きを全身で感じたいと欲しているからなんだよ。ちなみに、言うまでもないことかもしれないけど、『今』という時がもつ動きを全身で感じるというのは、『今』しかないみたいに刹那的に生きるとか、『今』さえ良ければと思って恣意的に生きるというのとはちがうんだ」

「うん、わたしはちがうと理解できるけど、でも同じだと誤解する人も多いかもね」

「とくに日本人って、『今』を感じるのが下手だからね。たとえばさ、『日本人は前例のないことはやらない』という言い方があるじゃない？」

「うん、去年や一昨年と同じようにしかやらないとか、新しいことをやらないとかね」

「前例って過去だろ？　『今』は過去とは独立したまったく新しい時なのに、その新しさに過去という済んだことを当てはめようとするのが日本人なんだよ。過去ではないまっさらな『今』という時をみすみす過去にしちゃう日本人。ぼくなんか、見ててかわいそうだなあと思うんだよね。もっとも『今』この瞬間を生きることと、刹那的・短絡的に生きることのちがいがわからないことこそが『日本的』とも言えるから、それはそれでしかたないかもね」

「欧米人って、『今』この瞬間を生きるとか、そういう言い方って理解できてるの？」

「うん、たいていの欧米人は理解してると思うよ。欧米では前例主義とかってあまり聞かないだろ？　過去になにをやっていようと、それはそれとして、今必要なことに気持ちを自然と集中させるのが欧米人の特徴だ。そもそも英語という言語って、日本語以上に時制を気にするじゃない？　現在形とか過去形、未来形、現在進行形、現在完了形、過去完了形、過去完了進行形とか、時制を意識した言い方がたくさんあるだろ？　欧米人は『今』という時を感覚でちゃんと捉えているから時制を表す言い方がたくさんあるのさ。英語の授業において時制で挫折する日本人が多いというのは、日本人が欧米人に比べて時に対してさほど意識的でない証左なのさ」

「へえ、そうなんだ」

漠然とした淋しさからの解放

「話を戻すと、絶えず変化している『今』に自分の感覚が寄り添って動いているとき、人は『時を忘れる』と言うんだ。別の言い方をするなら、なにかに集中しているときって、『あー、別の人間に生まれ変わりたいな』などと思わないでしょ？　ってこと」

「たしかにそうね……話をエッチに戻すと、わたしね、なんとなく淋しいからという理由でエッチするときって、相手はまあまあタイプだったらそれでいいのね。絶対にこういうルックスの男の人とじゃないとエッチしたくないとか、そういうのってあまりないのよ。だから、なんとなく淋しいから誰かとエッチしたいなあと思ったら、わりと簡単に相手を見つけることができたの。でさ、エッチの最中は相手と物理的につながっているわけだから、少なくともそのあいだだけは漠然とした淋しさを感じずに済んだのね。それに、相手によっては食事もごちそうしてくれるし。だから、好きでもない男の人を利用することで漠然とした淋しさを消そうする自分のことが、自分で許せなかったのよ。他人のことを利用する汚い女だなあわたしは、と思っていたの」

「うん、理子の言っていることはわかるよ。でも相手の男も理子のことをじゅうぶん利用しているわけだから、そんなのイーブンだよ」

「そっか」

「というか、さっき理子が言ったように、エッチしてる最中は男女ともに物理的につながっているから、漠然とした淋しさから解放されたような感覚に陥るじゃない？」

「うん」

「その感覚を、理子も相手の男も感じたかったというだけの話でもあるよね」

「まあそうね」

「でも、『だけの話』の奥には、今という時がもつ動きを感じたくても感じることのできない自分自身に反抗しているという『だけの話』では決して終わらせることのできない切迫したものがじつは隠れているということだよ」

*

時刻は深夜3時をまわっていた。せーちゃんは前足で踏ん張り、背中をぎゅーっと伸ばして伸びをしたあと、ぼく寝るからと言ってわたしのベッドの下で丸まった。直後、小さな寝息が聞こえてきた。わたしは音を立てないように静かにお風呂に入ってからベッドに入った。髪を乾かしたかったけれど、ドライヤーの音でせーちゃんが起きるかもしれないと思い、乾かさなかった。生乾きの髪が気持ち悪かった。

ベッドの中でわたしは、なんとなく淋しいという理由でエッチしていた頃のことを思い出した。思い出したくなかったけれど、この部屋の闇と真夜中の静寂が、わたしに思い出すことを要求していた。

せーちゃんは、なんとなく淋しいからという理由でなされるセックスを、今という時がもつ動きを感じたくても感じることのできない自分自身に対する反抗だと言った。

反抗。たしかにそのとおりかもしれない。ところで、わたしはなにがきっかけで自分自身に反抗するようになったのだろう？　なにがきっかけで、彼氏がいたときも彼氏と別れたあとも、ツイッターやマッチングアプリで、淋しさを埋めるためのセックスの相手を探していたのだろう。

ふとこころに浮かんだ答えは、意に染まない短大に進学したことがきっかけではないだろうかということだった。この直感が正しいのかまちがっているのか、わたしにはわからない。もし正しかったとしても、人のこころの世界はわたしが思っている以上に広くて深くて暗いだろうから、これだけが正しい答えだというわけでもないと思う。でも真っ先に強くこころに浮かび上がったのはその答えだった。

おそらく世間の多くの人と同じように、わたしも偏差値をもとに合格できそうな短大を選び、そこに進学した。学部は、倍率が低くて合格しやすそうだという理由だけで法学部を選んだ。

案の定、わたしは講義の内容にまったく興味がもてなかったし、2年間の短大生活を通して友だちと呼びたい人はただのひとりもできなかった。表層的に仲良くしていた人は何人かいた。その人たちのことを友だちと思ったときもあった。でもけっきょくのところ、その思いは長続きしなかった。もしもわたしに知的好奇心と呼べるものがあればということだが、短大の講義や仲間は、わたしの知的好奇心を満たしてくれなかったからだ。だからわたしは、どこかちがう場所でまったくちがうことをすることを夢見ていた。同時に、そんな夢を見る自分がイヤでしかたなかった。彼氏が裸のわたしを抱きしめて「理子、大丈夫だから」と言ってくれても、自分のことが嫌いだという思いは消え去ってくれなかった。

対照的に、高校の同級生たちは、大学選びのときからすでに、なぜか、バイオの研究をしたいとか、一級建築士になりたいなど、なんらか具体的な人生の目標を持っていた。そしてその思いを実現させるための大学をみずから主体的に選び、卒業と同時にさらに目標に近づいていった。

同級生たちがここではないどこかに逃避したいという気持ちを持っていない分別ある立派な大人に思えた。それゆえ、彼ら／彼女らに大きく水をあけられたという焦りがつねにあった。そのような焦りを感じる自分がイヤだった。

なんとなく淋しいからという理由でなされるセックスが、今という時がもつ動きを感じたくても感じることのできない自分自身に対する反抗だというのは、わたしにとって、どう生きるといいのかわからない自分に対する反抗だったのかもしれない。あるいは、意に染まない進学先を選択してしまったという過去のことに、「今」恋々とする自分をどうすることもできない、そのできなさに対する反抗だったのかもしれない。

それはそうと、なんとなく淋しいという動機でセックスの相手を探すと、どういうわけか、なんとなく淋しい人ばかりと出会った。

たとえば、石油を専門に扱う商社に勤務する45歳の男。彼とはマッチングアプリを通じて知り合い、すぐにラブホテルに行った。

彼はわたしの裸を見ても硬くならなかったので、わたしが手や口でしてあげたのだけれど、それでもダメだった。やがて彼は「ごめん、今日は無理かもしれない」と言ってベッドの淵に腰かけた。わたしはバスタオルを巻いて、表面がぼろぼろのソファに座った。やおら彼は、身の上話を始めた。

中学から大学までエスカレーター式の私立だったこと。高校時代は夢中になってサッカーをしていたこと。大学を卒業したら石油関係の仕事に就いて世界中を飛び回ることを夢見ていたこと。そして実際にその夢がかなったこと。しかし仕事におけるあるトラブルが原因で、超暇な資料室に左遷されたこと。資料室勤務になって今年で3年が経つこと。資料室勤務というのは、実質的には自主退職するよう会社から促されているということ。でも潰しがききづらい専門職であることや、年齢的なことなどが原因で、転職したくてもいまのところどこにも転職できないこと。だから自暴自棄になって毎晩酒をあおっていること。酔うほどに淋しさが膨満し、つい女を求めてしまうことなどなど。

そのときわたしは気づかなかったのだけれど、なんとなく淋しいと言ったその男も、じつはわたしと同じで、『今』と『わたし』がもつ動きを感じたくても感じることのできない自分自身に反抗していたのだろう。今この瞬間、仕事にやりがいを感じたくても、どうしても、なぜか、それを感じることのできない自分に反抗する――そのような切迫した反抗が、マッチングアプリで女をあさるという行為を彼にさせていたのだろう。

そう思うと、なんとなく淋しいというのとは別の種類の淋しさもそこにあったかもしれないと思った。うまく言葉にできないのだけれど、それをあえて言葉にするなら「つながれなさ」かもしれない。

わたしたちはどんなに注意深く暮らしていても、ふとした瞬間に意に染まない環境に投げ入れられることがある。わたしの短大時代のように。あるいはその男にとっての資料室勤務のように。今という時がもつ動きを感じたくても感じることのできない者どうしが、たとえばマッチングアプリで知り合ったのであれば、ふたりで「うちら落ちこぼれちゃったね」、「でも、明日からまたがんばろうね」などと励まし合って希望を見ればいい――理屈のうえではそう言える。しかし実際には、なんとなく淋しい者どうしは、希望を接点に交流することはない。ふたりは自分の淋しさを埋めることに精一杯だから、同じ種類の淋しさを抱えて性行為をしても、決してひとつになれないのだ。性行為を通して物理的にひとつになっても、こころが感じる「つながれなさ」は消えてなくなってくれないのだ。

その資料室の男とはその後会っていない。だからその男がいまどのように暮らしているのか、わたしにはわからない。でもきっと彼も、いまだに漠然とした淋しさの奴隷として生きているように思う。わたしも漠然とした淋しさの奴隷をいまだに卒業できていないから、その男にも卒業してほしくないとわたしは思っているのだろうか。反対に、そうは思っていないのだろうか。わたしはわたしがなにを考えているのか自分でよくわからない。

せーちゃんはなにかに集中しているときだけ今という時がもつ動きをすなおに感じることができると言った。わたしはそれを頭では理解しているつもりだ。でも、**なにかに集中しようと思っても、どういうわけかなににも集中できない**のだ。漠然とした淋しさを感じないで済むように、たとえば集中して本を読もうと思っても、なぜかものの3分と集中できないのだ。過日のセックスのことがふと頭をよぎったり、高校の同級生たちがやりたいことをやって充実した日々を送っているさまがこの胸に去来したりして、集中できないのだ。

ところで、今という時が持っている動きって、いったいなんなのだろう。

今という時の神秘性

過去や未来は「今の自分」がつくり出す概念

目覚めたら、せーちゃんがわたしの顔を覗き込んでいた。わたしは彼に「おはよ」と言った。せーちゃんが人間で、わたしの彼氏だったらどんなにいいだろう。かわいい顔、愛くるしい瞳、やわらかな肉球……ぼんやりとそんなことを考えていたら、せーちゃんが話しだした。

「今という時が持っている動きって、いったいなんだろうね」

「ねえ、それ、寝る前にわたしが疑問に思っていたことなんだけど、どうしてわたしが考えていたことを知ってるの?」わたしは寝ぼけ眼でそう応えた。直後、せーちゃんはわたしが考えているすべてのことをお見通しのエスパーであることを思い出した。やれやれ。

彼はこともなげに言った。「今って、イマと言ったそばから過去になるということは、絶えず動いているということだ。これはいいよね」

「うん、絶えず前に進んでいるよね」

「いや、前とか後ろとかではないんだ。方向のことを言っているのではなくて、単純に、動いている、つまり動性を持っているのが今という時だということだよ」

「ああ、うん」

「対して、過去も未来も、昨夜ぼくが言ったように言葉の世界だから、動性を持っていないよね。言葉って、記述したらずっとそこに留まり続けるでしょ？　紙に書いた言葉は消しゴムで消さない限り、半永久的に存在し続けるでしょ？　だから言葉は静的なんだ。ただし、しゃべり言葉は音だから動的だよ」

「ちょっと待って！　単純なことがわからないんだけど、過去って、わたしからどんどん遠く離れてゆくものじゃないの？　対して、未来はわたしにどんどん向かってやってくるものじゃないの？」

「あのね、今という時の動きの話をすればかならずそう言ってくる人がいるんだけど、過去がどんどん遠ざかってゆくように感じられるのはいつ？」

「今」

「ということは、今という時がもつ動性によって過去が遠ざかってゆくように感じられたり、未来が近づいてきているように感じられたりするということだよね？」

「過去や未来は動かないの？」

「動かないさ。過去も今も未来も3つともが動いたらガチャガチャしちゃって、なにが過去でなにが今でなにが未来かわからなくなるだろ？　ハハハ！」

せーちゃんははじめてわたしの前で豪快に笑った。とてもかわいらしい笑い顔だった。

やがて真顔に戻った彼は、うっとりしているわたしに語りかけた。

「ぼくはそういうことを言いたいんじゃないんだ。あのね、過去とか未来というのは、『今』を感じとることのできる理子がつくり出している概念なんだよ」

「わたしがつくり出している概念？」

「そうだよ。たとえば、世界中から時計がなくなったと想像してごらん。かつ、雨降りの日が続いて、太陽の位置や太陽が何回のぼったのかがわからない世界を想像してごらん。その世界においては『より前』と『より後』で時を判断するしかないでしょ？」

「たとえば、わたしがごはんを食べるより前とか、ごはんを食べた時より後とか？」

「そう。その『より前』とか『より後』って、なにを基準にして言ってる？」

「わたしがごはんを食べたこと？」

「理子がごはんを食べたという『記憶』だよね」

「あ、そっか、記憶か」

「理子は自分の記憶をたよりに、『より前』や『より後』を捉えているということだろ？ということは、時間の感覚は理子の中にあるということでしょ？　この世界には時計もあれば世界共通の時間もあるけど、それはあくまでも、『外にある便宜的なもの』であって、時間の本質とは、じつはそれぞれの人の中にあるんだよ」

「深い話だね」

「そうかな。では記憶ってなんだろう?」

過去に生きる「べき論」の人

「記憶?――記憶は記憶じゃないの?」

「記憶って、今という時を感覚でちゃんと捉えているから記憶と呼べるものでしょ?」

「は?」

「たとえばさ、理子が会社をクビになって、かつ、友だちがひとりもいなくなって、親からも見放されて、住む家もなくなって、完全にひとりぼっちになって、とても正気ではいられないような激しい絶望に襲われたことを想像してごらん。そのとき理子ははたして、自分が今どこにいるのか明示できると思う?」

「どこって、たとえばこのあざみ野の部屋とか、そういう物理的な場所のこと?」

「いや、そうじゃなくて、自分というストーリーの中に、急に空白というか真空できた場合、自分がどこから来て、今どこにいて、これからどこに向かおうとしているのかを、自分で正確に認識できるかということ」

「うーん……たぶんできないと思う。以前なにかの映画で見たように、身寄りも職も住むところもなにもかもを失ってしまった人って、今自分がどこにいるのかがわからなくなってしまうんだろうと思う。別の言い方をすれば、『より前』とか『より後』という感覚があいまいになるんだと思う。で、なにが過去でなにが今でなにが未来かわからなくなって、なにが現実でなにが空想かもわからなくなって、記憶の中の誰かとのみ対話しながら生きる痴呆症の人みたいになるんだと思う。何十年も前に亡くなったおじいさんに、朝も昼も夜も『おじいさん、夕飯のしたくができましたよ』と語りかけるおばあさんみたいに」

「そうだよね。ぼくもそう思うんだ。記憶というものは、今自分がどこにいるのかということがあるていど正しく認識されてはじめて『記憶』と呼べるはずなんだ。過去と未来は、今という時をあるていど正確に感覚できる理子が、理子の中につくり上げている概念だというのは、すなわちそういうことなんだ」

「なるほど」

「では次だ。過去に生きる人って、『こうすべき』とか『こうあるべき』という考え方をするじゃない？　たとえば、『別の人間になるために、わたしは今日からことあるごとに笑顔でいるように意識すべきだ』とか、『親とソリが合わなくても、親の前ではいい子としてふるまうべきだ』とかと考えるじゃない。で、その結果、親の前でいい子を演じるのに疲れてパンクしちゃったりするわけでしょ？　パンクしなくても、親が亡くなったとき、演じる相手がいなくなったと思ってホッとするわけでしょ？　それがさ、人がもしも過去だけに生きてもなんらストレスを感じない生き物だったら、そのような『べき論』だけでふつうにストレスなく生きていけるはずでしょ？」

「もしもそういうふうに人間ができているのならね」

「でも実際には、『べき論』だけで生きていくと、人はどこかでパンクするでしょ？」

「たしかにそうね。会社の上司がこのまえ痴漢で逮捕されたのも、べき論によるパンクが原因だ、みたいなことを誰かが言ってた。大手有名企業の課長ってさ、それこそ中学生くらいから『勉強していい大学に入って、いい会社に就職して出世すべき』と思って、べき論に生きているじゃない？　高校時代や大学時代に、女子とエッチしたいなあと思っても、そういう男子って女子にどう声をかければいいのかがわかっていないから、マスターベーションしかしてこなかったと思うのね。そんなふうにして勉強ばかりしてたら、そして、そこそこ運が良ければ、いわゆるいい企業に就職できたりするよね。運悪く就職できない人もいるけど、まあ就職できたとするじゃない？　でも、こと女については彼はド素人なわけだから、相変わらずマスターベーションばっかりするわけじゃない？　で、ある日淋しさが頂点に達して、女のぬくもりを求めるよりほかはないときが来るのよ。その気持ちが痴漢という行為に変換されたり、マッチングアプリで女子に会うという行為に変換されたり、風俗で『抜いてもらう』という行為に変換されたり、というようなことじゃないのかなあ」

「うん、一理ある意見だね」

「ところでさ、超マジメなカタブツの男の人って、じつは変態なんだよ」

「うん、わかるよ。全員が全員そうではないと思うけど、ある種の人は変態だろうね」

「以前、わたしがマッチングアプリで出会ってエッチした人は霞が関の役人だったんだけど、その人、昼間は超マジメなはずだよ。でもね、その人さ、エッチが終わったらわたしのパンティを欲しがるんだよ。1万円払うから、お願いだから理子さんの染みのついたパンティをくださいって。しつこかったなあ、あの男。もうさ、そういうのありえなくない？」

「ありえるさ。男は過去に生きれば生きるほど変態的興味が湧くんだ。過去に生きるというのは、ぼくが何回も言っているように、言葉の世界に生きるということ。ということは、頭は働いているけど、感覚器官は死んでいるということだよ。死んでいるというか、みずから感覚器官を殺しているというか」

「うん、なんとなくわかる。勉強すべきという『べき論』の天敵って『エッチしたい』とか『この女子、いいにおいがする』とか、そういう自分でも制御不可能な感覚的なものだからね」

「理子は女なのに、男の気持ちをよく知ってるね」

「もうさ、マッチングアプリとかツイッターの裏垢とかで出会う男の人って、ホントそういう人ばっかりだったから」

女性の胸やお尻は「今」という時がもつ生命力

せーちゃんは少し微笑んで、すぐに真顔に戻って話を続けた。

「漠然とした淋しさと変態の関係って、振り子の原理みたいなものでね」

「え？　なんて？」

「過去に生きることなく充実した今を生きている男は、女性に対してそこまで変態的興味をもたない。そういう男は、どんなにスケベであっても、今日も楽しくエッチしますか！みたいなさわやかなエロなんだ。ところが、ことさら過去に生きている人というか、『べき論』に生きている人は、今という時がもつ動きというか生命力にすごく飢えているんだ。今という時がもつ生命力を感じないように、たとえば、静的な言葉の世界でお勉強すべきだと強く思っているから、今という時がもつ生命力に飢えているんだ。そういうのって、振り子が右に大きく振れたら、それと同じだけ左にも振れるのと同じで、ことさら過去に生きていたら、今という時がもつ生命力を感じたいと渇望するんだ。だからカタブツ男はものすごく変態なんだ」

「……なるほど」

「でね、今という時がもつ生命力と、女子の胸やお尻がもつ生命力は、じつはイコール関係にあるとぼくは思うんだ。わかる？　ぼくの言ってること」

「ちょっと整理させて……えっとね、まず、今という時がもつ動きがなぜ生命力なの？」

「生命力というか神秘性だね」

「いや、せーちゃん、ますますわからないよ。順を追って説明してくれないかな」

「今という時は動いている、すなわち動性を持っている。これはいいね？」

「うん、オーケー。『イマ』と言ったそばからそれは過去になるのだから、『今』とは言葉で言い表すことのできない存在、別の言い方をすれば、人が感覚でしかとらえることのできない動きを持っているのが『今』だと」

「そう、そのとおり。でね、その動きを、ぼくは生命力だと考えているんだ。今という時って、なぜ動いているのかわからないから、いちおうぼくはそう定義したんだ」

「なぜ動いている……」

「今という時は、なぜか動いているとしか言えないじゃない？　過去も未来も静的な言葉の世界なのに、今という時だけはなぜか刻々と動いているんだよ」

「そうね、たしかに。なぜか動いているのが『今』という時だとしか言えないかもね」

「なぜ動いているのかと考えたとき、今という時がもつ生命力というか、なんらか不思議な力というか、そういうものによって動いているとしかぼくには思えないんだ。もしかしたら、大きな水車のようなものを回して『今』を次々にこの世に生み出している生物が宇宙のどこかにいるのかもしれないけど、その考えには現実味がないとぼくは思うんだ。だから、時間はなんらか神秘的な力によって動いているとぼくは考えることにしたんだ。そして、その力のことを生命力と呼ぶことにしたんだ」

「なるほど。で、今という時がもつ生命力と女子の胸やお尻とがイコール関係にあるというのは、どういうこと？」

「どちらも生命力を持っているということと、なぜそこに存在しているのかがわからないゆえの神秘性を持っているということ、このふたつの意味においてイコール関係にあるんだ」

「はあ？」

「今という時がもつ動性を生命力と捉えるとさっきぼくは言ったね？　女子の胸やお尻も生命力の塊なんだ」

「それがわからない」

「……どこから話すと理子にわかってもらえるかなあ……あのね、男ってスケベだから、たとえば雑誌のグラビアとかネットのエロ動画なんかで女子の裸を見るでしょ？　それは裸そのものを見るというより、女子にしかもてない生命力を見て、その生命力にあこがれているということなんだ」

「男の人ってそういう見方をしているの？」

「おおむねそうだとぼくは考えている。たとえば、かわいらしいこの子はこんなおっぱいを持っているんだ！　こんな乳首を持っているんだ！　という発見に喜悦するだけの男だっていると思うよ。でもさ、それなら1回見ればわかるじゃない？　ああ、この子はこういうおっぱいとこういう乳首をおもちなのですね、以上、終わり、じゃない？　でも多くの男は、これぞと思った裸の写真を手元に置いて何回も見返すんだ。だからたとえば、グラビア雑誌や写真集は売れるし、ネットのエロ動画は何万回も再生されるんだ。何回見ても同じおっぱいと同じ乳首と同じ尻しかそこにはないよ。ということは、『発見の悦び』はもうそこにはない。では男はなにを見ているのかといえば、おっぱいがもつ……躍動的な生命力としかぼくには思えないんだ。女子にしかもてない生命力というものがじつはこの世にはあって、それは女子にしかもてないゆえ、男はそれにあこがれ、何回も見るんだ」

「なるほどね。つまり、せーちゃん的には、今という時がもつ生命力と、女子の胸やお尻はともに、『生きている感じ』とか『男には決してもつことのできない魅惑性な動性』を持っているというその点においてイコール関係にあると……そういうこと？」

「うん、そういうことだ」

たまたま、この世に生まれてきた存在

「では、女子の胸やお尻がなぜそこに存在しているのかがわからないというのはどういうこと?」

「理子は自分の胸やお尻が自分の身体に存在しているのは必然だと思う?」

「必然とかそんなこと考えたことないよ。わたしの胸やお尻は生まれたときからずっとわたしのものとしてわたしの身体の一部を形づくっているから」

せーちゃんは、それはそうなんだけどさ、という表情を浮かべた。そして言った。

「もっと問いを広く立てると、理子が今ここにいるのは必然だと思う?」

「うん、必然じゃないかな? わたしのお父さんの精子とお母さんの卵子がくっついてわたしがこの世に誕生して……とか……会社から帰る時間になったから家に帰って今ここにいるとか……うん、わたしが今ここにいるのは必然だと思うけど」

「理子、そういう話をしているんじゃないんだよ。理子は、なぜか今、なぜかここに存在しているということに気づいてほしいんだ」

「え?」

「理子のお父さんの精子とお母さんの卵子がくっついても、たとえば、理子がその理子の性格を持って生まれるという保証はどこにもなかったはずだよ。というか、そもそも、理子のお父さんとお母さんが出会ったのも偶然じゃないの？」

「う～ん、わたしの両親が出会ったのねえ……そういえば、母が勤めていた銀行の支店に、転勤で偶然やってきたのがお父さんだったって言ってたかな」

「ほら、偶然じゃないか」

「まあ、そうね」

「ということは、理子はたまたま、この世に生まれてきたと言えるよね？」

「うん、そうね」

「でさ、昨夜ぼくは、生まれ持った性格は選べないと言ったね？」

「あ、そうだったね。どのような性格を持ってこの世に生まれてくるのかを選べないということは、すなわち、わたしはたまたまわたしの性格を持ってこの世に生まれてきたと――そう言えるということ？」

「そうなんだよ、それに気づいてほしかったんだよ！」

「ということは……わたしの存在がたまたまだとすれば、同じように、わたしの胸は偶然わたしのおっぱいとして存在していると……。そして、たまたま、不幸にもＢカップであると。Ｂカップというサイズしかないと……。そしてその偶然やたまたまは、文字通り偶然でありたまたまなのだから、それはいわば神秘だと。わたしのおっぱいがAカップだった可能性もあるわけだし、そしたらわたしはきっといま以上に胸のサイズに悩む女子になっていた。でも偶然そうはならなかった。反対に、わたしの胸がGカップだった場合、わたしは年中肩こりに悩まされたり、エロ目的の男が言い寄ってくることに悩まされたりしたかもしれないけれど、わたしのおっぱいはなぜかたまたまBカップだったから、そのようなことに悩まされることなく、ある意味、すくすくと大人になったということね」

「理子は賢いね。そのとおりだ」

「わたしってホントは賢いのかな？」——そう言いながら、理子は本当はお利口さんだよとせーちゃんが応えてくれるだろうと期待したのだけれど、彼はわたしのことを褒めることなく話の先を急いだ。

「でね、男ってわりと頭でものを考えがちでしょ？」

女性は「今」という時を捉えるのがうまい

わたしはせーちゃんに急かされるままに応えた。「うん、そうだね。男の人ってなんであんなに理屈っぽいの？　元カレは仕事はこうあるべきだとか、仕事におけるマインドセットはこうするべきだとか、もうホント理屈ばかり言ってたよ。男性向けのビジネス雑誌の受け売りを延々とわたしにしてくる男子だったのね、元カレって。仕事は仕事じゃん？　目の前にある仕事を、理屈抜きにただふつうにやるだけでいいんじゃない？　とわたしは思ってたから、彼の話は適当に聞き流してたけど」

「対照的に、女性はわりと感覚で物事を捉えるのがうまかったりするじゃない？」

「うん、そうね。仕事において、『この書類を早く完成させないとあの人が困るだろうな』などと、自分がやっている仕事の周辺が直感的にわかったりするからね。対して男の人は、『この書類は明日にならないと完成しません。今日は今日でぼくにはやるべき他のことがあるのです』とか、ふつうに言っちゃうんだよね。で、まわりの人から空気が読めない人とか、仕事ができない人とかと思われたり。わたしからすれば、理屈を言う暇があれば、まわりの人の気持ちを感覚的に捉えて、もっとうまく立ち回ればいいのにと思う。でもそういう人に限って、出世したがるんだよねえ」

「絵が浮かぶね……。ということはさ、女性のほうが今という時がもつ動きを捉えるのがうまいと言えると思わないかい？」

「『今』という時の動きを捉えるというか、今という時の変化をあるていど感じながら仕事をするのは、どちらかというと女性のほうがうまいかな。というか、そういうのがうまい人って女性的なのかな？　男の人の中にもそういう人はいるから、女性的と言ったんだけど」

「そうね、そう言えるかもしれないね」

「でさ、これはわたしの偏見かもしれないけど、女性が今という時の変化を感じながら、その変化にすなおに身をゆだねる能力を持っていることに、男の人はもしかすると嫉妬しているのかもしれないね。今という時がもつ豊かな生命力を感じたいのに、おれは『べき論』にしか生きられない、対して女子は『今』を感じながら自然体で仕事をしやがって！という嫉妬。で、嫉妬とあこがれは表裏をなすから、男の人は女子の裸に飽くなき興味を抱くと――」

「ちょっと理論の途中が飛んでいるように感じられるけど、でも理子の洞察は鋭いね！たしかに嫉妬とあこがれは表裏をなすから、多くの男は女性に興味を示すし、興味を抱いたその女性がもつ動的な生命力と神秘性に飽きることなく惹かれる――そう言えるかもね」


「漠然とした淋しさ」を抱える人は生命力や神秘性に飢えている

「だよね！」

「でね、話をもとに戻すと、漠然とした淋しさを抱えている人、具体的には、べき論に生きている人や、つねに過去や未来のことを思いわずらっている人は、動的でもなければ、生命力あふれる生き方をしているわけでもないじゃない？　ということは、生命力や神秘性に飢えているんだ。飢えているというのは、じつはその人の中にも神秘を感じたいと欲求する気持ちがあるということだけど、その欲求を自分の力で満たすことができないということなのね。そういう自分に反抗するときに、なんとなく淋しいという理由でセックスをするんだ」

「やっと話が反抗に戻って一巡したね。長い説明だったけど、なんとなく理解できたよ」

「なんとなくか……まあいいや。『今』という時が神秘的なものだということだけでも理解してくれれば、ぼくとしてはうれしいよ」

せーちゃんがそう言った瞬間、わたしはふとなんの脈絡もなく、せーちゃんもわたしも昨夜から食事を摂っていないことに気づいた。

「せーちゃん、なにか食べない？」とわたしは言った。せーちゃんは「水だけくれるとうれしい」と応えた。

「水だけでいいの？」

「うん、ぼくは水しか飲まないんだ」

「水だけ？」

「ぼくみたいに生まれ変わる生き物って、基本、水だけでいいんだよ。ごはんはあれば食べるけど、なければ水だけでいいんだ」

というわけで、わたしは深めのお皿に水を入れてベランダに通じる掃き出し窓のそばに置いた。せーちゃんは土曜の午後の日差しの中でそれをおいしそうに飲みはじめた。その日はわたしも光合成をしたくなるほど、穏やかな梅雨の晴れ間だった。

*

今という時がもつ動きって、たとえていうなら生命力のことなのか……そしてそれは、過去や未来を思いわずらっている人には感じとることのできないものなのか……べき論に生きている人には感じることのできない、ある意味、神秘的な力……。

高校の同級生たちは「みんな」やりたいことをやっていて羨ましいと思っているわたしは、あきらかに自分の過去や未来を思いわずらっている。でも考えてみたら、「みんな」が「今」本当にやりたいことをやっているかどうかは、実際のところ定かではない。ときたま流れ聞こえてくる噂にもとづくわたしの推測でしかない。

きっと、そこなんだろうなあとわたしは思う。記憶をもとに、彼ら／彼女らのことを美化することとそれじたいが、わたしが過去に生きているということなのだろう。それに、わたしも彼ら／彼女らのように、自分のやりたいことをやるべきだと思っているということは、わたしはせーちゃんが言うところの「べき論に生きている人」に該当するのだろう。

それにしても、わたしの胸やお尻が生命力ねえ……。おいしそうに水を飲んだあと、陽だまりでじっと目を閉じているせーちゃんを起こさないように、わたしはそろりと洗面所に行き、洋服を脱いで裸になった。そして両方の手のひらで左右のBカップを包み込み、その姿を鏡越しに見た。

それはあくまで、見飽きたただのわたしの裸であって、とても生命力の塊とは思えない代物だった。つねに過去や未来のことを不安に思い、べき論に生きている裸のどこが生命力なのだろう。

でも、わたし以外の人における生命力については、なんとなく実感を伴って理解できた。たとえばサッカー選手。にわかサッカーファンであるわたしは、サッカーのルールを知らない。でもサッカーの試合を、というか、サッカー選手をテレビで見るのが好きだ。なにがわたしをサッカー選手に釘付けにさせているのかと思ったとき、それは選手がもつ生命力なのかもしれない。俊敏に走ったりボールを蹴ったりする男らしい姿や、その筋肉の盛り上がりなどを見ることを通して、わたしは選手たちがもつ生命力を見ているのかもしれない。生命力を見ることで、その瞬間だけでも、過去や未来を思いわずらう自分を忘れようとしているのかもしれない。すなわち、今の今性を感じようとしているのかもしれない。

そう思えば、スポーツ観戦がわたしにもたらす快感と、性行為がわたしにもたらす快感って、どこかしら似ているような気もする。どちらもその瞬間において、なぜか生きていると実感できる点が共通しているように思う。そしてそれは、せーちゃんが言うように、なぜか今生きているわたしのなぜかさをすなおに感じられる瞬間――別の言い方をするなら、たまたまなぜかこの世に、たまたまなぜかわたしとして生きていることが悦ばしく感じられる瞬間でもある。その悦ばしさの対極に、非生命力的な生き方である「べき論的な生き方」があると思えば、せーちゃんの話は納得できる。

夕方になって、わたしはせーちゃんのごはんを買いに近所のスーパーマーケットに出かけた。せーちゃんが水だけでいいと言ったからといって、水しかあげないわけにはいかない。

町ゆく人を、べき論で生きていそうな人と、生命力あふれる艶っぽい人という基準で見ると、せーちゃんが言うことがさらに実感を伴って理解できた気がした。

つねに過去や未来のことを思い悩んでいそうな人の目は落ちくぼみ、肌には艶がなかった。対照的に、レジのスタッフと笑顔で軽く声を交わすご婦人は、どこかしら生命力あふれる素敵な人生の先輩のように見えた。スーパーマーケットを出て、サッカー選手のようにかっこいい男子とすれちがったとき、秒でその人の裸体を想像したらちょっと興奮した。意に染まない短大を卒業し、閉塞感あふれる会社で働いている自分のことなど、どうでもよく思えた。わたしの胸とお尻が生命力あふれる、とても価値あるもののように思えた。

なんならわたしの写真集くらいすぐに出せそうなほどに。

なぜかわからないけれど今が今であり、なぜかわからないけれどそれは動いている。類比的に、なぜかわからないけれど、わたしがわたしであり、そのわたしはなぜかわからないけれど絶えず変化している——そう思うと、奇跡の時を刻む惑星に奇跡的に存在している生き物がわたしであるような気がしてきた。自分のことを漠然とした淋しさの奴隷だなんて思わなくてもいいような気がしてきた。

わたしがわたしでよかった——どことなく夏の到来を思わせる風の中で、わたしは大きく深呼吸した。

自分探しとは「変化にすなおに驚くわたし」を探す旅

「べき論」から解放された34歳のキルケゴール

「さて、そしたら、あとから話すと約束したことについて話そうか」ごはんをたくさん食べたせーちゃんは上機嫌でそう言った。

わたしは即座に「お願い！」と言った。「34歳になるまで、お父さんの影響から抜け出せなかったのはなぜ？　というのと、34歳になったとき、選べなさを選べないものとして偶然にもまるっと受け入れることができるようになったのはなぜ？　というふたつのことについてだよね？」

「うん、そうだね。よく覚えていたね。ではまず、34歳になるまで父親の影響から抜け出せなかった理由について話そう。その理由とは、ズバリ！」

「ズバリ、なによ」

「ぼくが過去に生きていたからなんだ」

「ズバリと言うから、もっと斬新な理由かと思って期待したのに、また過去の話？」

「またとか言わないでよ。これ、ぼくにとって、すごく切実なことなんだから」

「うん、わかった、ごめんね」

「ぼくは幼い頃から34歳までずっと、過去に生きていたといっても過言ではないくらい、過去に生きまくっていた。具体的には、持って生まれた性格や、父親という選べないものについて悩みながら生きていた。父親によって植えつけられた『べき論』、具体的にはたとえば、『遊ぶ暇があればぼくは勉強すべきだ』という気持ちを『イヤイヤながらであっても受け入れるべきだ、どうすれば受け入れることができるんだろう』と思って生きていたんだ。それが、34歳を超えて自分が生きているという事実を目の当たりにして、その事実に驚いたとき、『今』という時は刻々と変化していて、その『今』の動きに呼応するかのように、過去もぼくの中で姿を変えているということを『発見』したんだ。つまり、ぼくが34歳まで父親の影響から抜け出せなかったのは、父親のせいではなく、ぼくが変化というものに疎かったからなんだ」

「うん、なんとなくわかる。過去に生きていたから、自分の変化や、自分のまわりの変化に気づかなかった。でもしかし、34歳になったとき、それらの変化に気づいたってことでしょ？」

「うん、そうだ。それと、もうひとつの問いである『34歳になったときに選べなさを選べないものとして偶然にもまるっと受け入れることができるようになったのはなぜなのか』ということについても、34歳になったとき、今という時がもつ動きをなぜかふと感じることができたから、というのが答えだとぼくは考えている。別の言い方をするなら、34歳になったとき、ぼくは『べき論』からなぜか解放されたから、選べないものがもつ選べなさをまるっと受け入れることができたわけだ。今という時も、自分という存在も、ともに刻々と変化している生き物だと、なぜかふと発見したということだ」

「刻々と変化している生き物だと、なぜかふと発見した、ね、……なぜか抜きでもっと具体的に言ってよ」

「具体的に……」せーちゃんはそう言って少し遠い目をした。

「理子さ、自分探しって、なにを探す行為だと思う?」

「なに、唐突に……なにをって、自分じゃないの?」

「自分のなにを探す行為なの?」

「え? なりたい自分がどこにいるのかを探すということじゃないの?」

せーちゃんは大きくため息をついた。「あのね、そんなふうに考えるから、自分探しの旅がなかなか終わらないいんだ。いいかい? 自分探しとは、『変化にすなおに驚くわたし』を探す旅なんだ」

会社とは「自分の変化」に気づかせないようにするところ

「変化にすなおに驚くわたし？」

「そう。自分探しをしている人って、なんとなく淋しいという感情を自分で持て余している人なのね。なんとなく淋しいという感情をもつ人とは、さっきから何回も言っているように、過去に生きているんだ。具体的には、自分という存在も、自分の周囲も、すべてを固定的なものと見なしているんだ。自分はなんら変化のない世界の住人だと錯覚しているんだ」

「そうかもしれないけどさ、でも現にわたしもわたしの周囲もなにも変化なんかしていないよ。会社に行くと毎日同じ顔ぶれで、みんなで昨日も今日も明日も決められた仕事をするだけだよ。東大とか出てる偉い人は毎年のように決められた出世コースに乗ってどこか別の部署に異動になるという変化を会社から与えられているらしいけど、わたしやわたしのまわりのぺーぺーに変化なんてものは存在しないよ」

「そんな会社、とっとと辞めちゃえばいいのに」

「辞めれるのならとっくのむかしに辞めてます」わたしは嫌味たっぷりに応えた。

「あのね、いいかい？　人は絶えず変化しているんだ。物理的には、血液や体液など、人体をつくっている成分は数日から数か月で入れ替わるとされているんだ。骨の成分は入れ替わりが遅くて半年以上かけないと入れ替わらないらしいんだけど、とにかく人体を構成する要素は絶えず入れ替わっているのね。同様に、人間の考え方だって変化しているでしょ？　たとえば、昨日まで好きだった人に今日はなぜか気持ちが向かないとかさ」

「うん」

「そのような『自分の変化』に気づかせないようにするのが、安定しているとされている大きな会社がやっていることだとぼくは思うんだ」

「どうして気づかせないようにしているの？」

「人は絶えず変化しているということを会社がおおっぴらに認めてしまえばどうなると思う？　たとえば会社が出世を約束している東大卒の人が急に心変わりしたら、会社はそれを認めざるをえないでしょ？　そしたら会社がその人に投資したお金がパーになるでしょ？　とくにエリートには就活のときから会社がかなりの額を投資するからね。入社したら会社はもっとその人に投資するじゃない？　たとえば、まるまる3か月間どこかの部署に研修に行かせたり、場合によっては何年にもおよぶ海外研修なんかもあるわけだし。理子のような派遣社員だって同じさ。今日の理子と明日の理子は別人だと認めてしまえば、理子が急に会社を辞めることに会社として文句を言えないだろ？　そしたら会社が派遣会社に支払ったお金がパーになる。だから、大手企業をはじめとする『日本らしい社風をもつ組織体』は、変化というものをないものと見なして、はなから考慮に入れないんだ。みんな、昨日も今日も明日も来年も同じ考えを持った同じ人間として扱われるんだ。じつはみんな刻々と変化しているにもかかわらず」

絶えず変化している「わたし」に驚くことが大事

「なるほどね、だから大企業って非人間的な社風のところが多いのかな？」

せーちゃんはわたしの問いにイエスともノーとも答えなかった。

「ただ、理子さ、変化をおおっぴらに認めてしまうと、昨日と今日とでは別人なのだから、たとえば昨日カネを借りたのは今日のわたしとは別人だとかってみんな言えちゃうじゃない？　そしたらそもそもビジネスが成立しなくなっちゃうだろ？」

「たしかに」

「つまり、変化を認めないとする会社にも、一定の言い分はあるということさ」

「じゃあどうすればいいの？」

「自分が絶えず変化しているということに気づき、そのことに驚くといいのさ。その驚きさえあれば、仕事にも恋愛にもそう不自由しないものだよ」

「そうなの？」

「そうさ。だって、漠然とした淋しさを抱くというのは、過去に生きているということでしょ？」

「うん」

「ということは、端的に、今という時の動きを捉える感覚をもちさえすれば、過去に生きなくて済むわけでしょ？　というか、その感覚はじつは誰もがすでに持っているんだけど」

「わたしも持っているの？」

「もちろんさ。今という時の動きを感じるというのは、肌でなにかを感じるとか、目や耳でなにかを感じるということなんだ。今という時の動きは、感覚でしか捉えることができないから」

「あ、そっか。五感でなにかを感じることが、すなわち今という時の動きを感じるということか」

「そのとおり。でね、それは端的に、なんらかを発見して驚くということなんだ」

「驚く？」

「うん、驚く。あのね、たとえば早起きして日の出前の東の空を眺めてごらん。この都市化されきったかのようなしみったれた東京においても、夜明けの空はとてもこの世のものとは思えないほど美しいよ。その美しさに理子は驚くはずだよ。同時に、空というありふれたものに驚く自分自身にも驚くはずだよ」

「うん、なんとなくわかる」

好奇心をもち、驚き、今を生きる「アリス」の物語

「なんとなく」――そう言うと、せーちゃんは哀しそうな目をした。なんとなくではなく、明確に理解してほしいと思ってなにかを考えているような目だった。やがてせーちゃんはいいことを思いついたという感じで目を大きく見開いて、言った。「理子さ、『不思議の国のアリス』は知ってるよね？」

「うん、知ってる、それがどうかしたの？」

「そのお話ってさ、時間ばかり気にしてつねに急いでいるウサギをアリスが追いかけるところから始まるでしょ？」

「うん、たぶんそうだったと思う」

「ぼくはそれを、ウサギは過去に生きていて、アリスは今を生きているというふうに解釈しているんだ」

「はあ……はっ？」

「時間を気にするというのは『これもしなければならない、あれもしなければならない』と思っているからでしょ？　つまり『これをすべき』とか『あれもすべき』というべき論

に生きているということでしょ？　だから時間を気にするんでしょ？」

「たしかに」

「対照的に、アリスは目にするものすべてに好奇心をもち、驚き、出会ったそれぞれの相手と会話をするよね？」

「そういうお話だったように思う」

「時間ばかり気にするウサギと対照的に、アリスは今という時を生きているといえるとぼくは解釈しているんだ」

「あ〜、なるほどね」

「さらにさ、アリスはお茶が好きな女の子として描かれているよね？　お茶って、ティーパーティーね」

「そうだったかな……そうだったかも……」

「アリスはお茶の時間を楽しみたい女の子として描かれているんだ。言い方を換えると、アリスは過去や未来をまったく度外視して、今この瞬間になんらかを発見して驚く女の子として描かれているんだ」

「そういえばそうだったかも」

「なんらかを発見して驚く、そのこころの動きと、今この瞬間がもつ動きは、なぜかわからないけど、とても似ているんだ。驚かないというのは、たとえばこころが死んでいると表現されるね。ぼくの言葉でいえば過去に生きている、すなわち『今』を生きていないんだ」

「ということは、驚くことが今を生きるということ？」

「端的にいえばそういうことさ。新しいことを知ると、それまで持っていた概念が覆るだろ？　それが驚きの構造だ。それまで持っていた概念が覆るとどうなるかといえば、『こうすべき』という考えが自動的に変更を余儀なくされる」

「うん、なんとなくわかる」

「そもそもさ、人って驚きから自分の世界を開いたんだよ」

自分とは世界が開かれる最初の「点」

「驚きから自分の世界を開いた？」

「うん、自分の定義ってさまざまあるけど、ぼくは、なぜか世界がそこから開かれている点だと考えている。世界とは、自分が認識している時間と空間のことだから、自分とはなぜか時間と空間がそこから広がっている最初の点だといえる」

「なぜか時間と空間がそこから広がっている最初の点……それが自分……」

「なぜかというのは、なぜそこから世界が開かれているのかわからないということね。

言い方を換えると、『わたし』はなぜ『わたし』なのだろうということ。これについては、以前理子に説明したから、ここでは『自分とは世界が開かれる最初の点』ということについて話をしよう。ところで、理子は理子の世界を持っているだろ？　こういう親のもとに生まれ、こういう学校を出て、いまこういう仕事をしているなどの端的な事実には、理子の時間と空間が含まれているじゃない？」

「わたしは『わたしの物語』を認識しているってこと？」

「うん、そうだ。その物語は奥行きを持っているでしょ？　平坦なのっぺりした物語ではなく、たとえば18歳の頃受験勉強がしんどかったという理子の物語を、理子はきっと時間と空間という奥行きを持って認識しているだろ？」

「うん、たぶんそうだと思う。少なくとも紙の上に平面的に表現するのでは表現しきれない物語だと思う。それがわたしの『世界』ということ？」

「うん、そうだ。紙の上だけでは表現しきれない時間と空間が理子の世界そのものなんだ。理子のその世界の最初の地点は、理子でしょ？」

「うん、そうね」

「最初の点である理子からその理子の世界が広がったのは、端的に驚きによってなんだ」

「そこがわからない」

「たとえばさ、1歳や2歳の頃のことを覚えている人は少ないと思うから、もう少しあとの5歳頃の話をしようか。理子は5歳の頃、男の子とはじめて手を繋いで、男の子の手のぬくもりに驚いたかもしれないね」

「えっとね……幼稚園のときの初恋の男の子のことはなんとなく覚えてるけど……でも手の温もりなんて覚えてないよ」

「でも、初恋の男の子にドキドキしたというのは覚えてるでしょ?」

「うん、少しは覚えてる」

「そのドキドキがすなわち驚きなんだよ。はじめて誰かのことを好きになる気持ちに理子は驚いたから、ドキドキした――そういうことだよ」

「うん、たしかにそう言えるかもしれない」

「あるいは、5歳の頃の理子は、お父さんやお母さんとなんらかを理解しあえたことにはじめて意識的になって驚いたかもしれないね。はたまた、友だちのおうちに遊びに行って、自分の家とはちがう環境や習慣に驚いたかもしれないね」

「そうね。そういう驚きは確実にあったと思うし、その驚きがわたしの世界を広げてくれたように思う」

「理子に限らず、人は誰しも、なんらかを発見し、驚くことによって、少しずつ自分の世界を広げていってるのね。世界を広げるというのは、自分が知らなかったことを知るということだから、ようするに驚きによって理子は変化し続けて、その結果今の理子になったということなんだよ」

「なるほど！」

「これから先の人生も同じだ。自分探しをしたくなるほど精神が落ち込んでいるときは、頭でごちゃごちゃ考えずに、なんらかを経験して驚くこと！　そうすることで人は『自分ってこういう存在なのかもしれない』ということを発見するんだ」

「むずかしいけど、なんとなくわかる」

「むずかしくなんかないよ、ぼくは端的に遊べと言ってるんだ」

「遊べ？」

「遊び」が希望を萌芽させる

「遊びって、理屈っぽくいえば、今という時と自分という存在が刻々と変化していることを知って驚くことだよ。わかるでしょ？」

「最近遊んでないからすぐにいい例が浮かんでこないけど……たとえば短大時代にちょっとした知り合いと多摩川の河川敷でバーベキューしたときは、たしかにそうだったかもしれない。楽しいことをやってるときって、ふと『このまま時が止まってくれたらいいのに』と思うじゃない？　ということは、今という時が動いていることを身体で感じているということだよね。『今』が動いていると認識しているから、『止まれ』と思うのだから。そのときわたしは、一緒にバーベキューしてる人たちのさまざまな言動を見たり聞いたりして、わたしもこの人みたいになりたいとか、あの子のような経験をしてみたいと思ったんだけど、そういう気持ちって、端的に他者に対して驚いているのであり、同時に他者に驚く自分に驚いていたのだと思う」

「うん、たとえばそういうことだね。そんなふうに『変化にすなおに驚くわたし』を積み重ねていくことが、じつは自分を探すということなんだ」

「なるほど！　そういうことなんだ」

「大切なことは、さっきぼくが言ったように、自分というのはあくまでも点にすぎないということなんだ。なぜかそこから世界が広がっている最初の地点、その点が自分だということだよ」

「ということは、自分探しをしなくても、自分はすでに点としてここにあるということだよね」

「そう！」

「そしてその『点』は、『今』や『わたし』の変化に驚くことによって、はじめて『生きているもの』と認識できる。すなわち『なりたい自分』になれる感覚が生まれる。とどの詰まり、希望が芽生える――こういうこと？」

「そういうこと！　理子は賢いね！」

＊

今日は月曜だったので、わたしはせーちゃんを部屋に残したまま出勤した。出がけに、せーちゃんにいつまでこの部屋にいるのかと尋ねると、「ぼくが安心したら」と彼は答えた。ぼくが安心したら？

前の電車との間隔を調整するとかなんとかいって毎朝ノロノロと走る電車も、今日はなぜか定刻どおりに走った。おかげでわたしはいつもより早く会社に着いた。梅雨の晴れ間ということもあってか、「べき論」に生きている顔馴染みの社員たちがこころなしか「脱べき論」的に楽しそうに働いているように見えた。わたしは『不思議の国のアリス』のアリスみたいに、「ティーパーティーしない？」と言ってみたかったけれど、もちろん言わなかった。

いつものように黙ってパソコンに向かっていると、わたしは点なのだとふと思えた。点といってもただの点ではなく、昨日せーちゃんが言ったように、そこから時間と空間が広がっている点なのだと思った。その瞬間、なぜかふと、わたしはこの会社を辞めてもいいのだと思った。わたしは「べき論」に生きなくてもいいのだ！　この堅苦しい世界から出ていってもいいのだ！

ということはなに？　これまでのわたしは、この会社に勤め続けるべきだと思っていたということ？　辞めてはいけないと思っていたということ？　だよね、だよね、だよねぇ！　それって自分の奴隷的な考え方だよね！　わたしはわたしの奴隷ですみたいな考え方だよね！

ということはなに？　会社を辞めてもいいと思ってもいいということを、わたしは今発見して、その自分に驚いたってこと？　だよね！　だよね！　せーちゃんの言う「発見して驚くこと」って、こういうことなのか！　思ってはいけないことや考えてはいけないこととして、これまで蓋をしていたものに「そう考えてもいいんですよ、そう感じてもいいんですよ」と言ってあげるだけで、人っていとも簡単になにかを発見できたり驚けたりするものなんだね。変化にすなおに驚くわたしって、「自分磨き」をして手に入れるものではないのね！　思ってはいけない、考えてはいけないという自主規制を自分で解いてあげるだけで変化にすなおに驚くわたしは手に入るのね！　知らなかったわぁ！

ってことは、片思いの彼に告白する勇気がないから告白できないと思っているわたしは、告白することを自主規制しているだけであって、本当は告白できるってこと？　わたし、会社の片思いの先輩に告白できるってこと？　マジ？

とかなんとか小躍りしたものの、片思いの百瀬さんと会社の廊下ですれちがったとき、わたしは思わず下を向いてしまって目を合わせられなかった。

　仕事はいつもどおり定時に終わった。午後から降り出した雨に濡れながら、わたしは家路を急いだ。

　なにかを発見し、驚くことで、漠然とした淋しさの奴隷から解放されると、昨日せーちゃんは言った——でもさ、それって、「考え方を変えれば未来が変わる」という言い方のように、どこかしら無責任な言い方じゃないのかな？　それとも、会社を辞めてもいいんだ！　とか、告白してもいいんだ！　告白できるんだ！　というような発見と驚きを積み重ねた先に、奴隷解放運動の終わりは本当にあるのだろうか？

人生の意味とは？

本当は人生に意味はない？

帰宅早々、考え方を変えれば人生が変わるみたいな言い方って無責任じゃない？　とせーちゃんに言おうとしたそばから、せーちゃんが話しはじめた。彼はわたしのすべての考えをお見通しなのだ。まったく、ため息が出ちゃう。

「ところで、自分探しをしている人って、人生の意味を探しているようにも見えるんだけど、理子はどうなのかな？」

わたしは正直に答えた。「うん、探してるよ。わたしはなんのために生きてるのかなって、よく考えるよ。わたしに限らず多くの女子が人生の意味を探しているはずだよ。でもさ、女子って、『わたし、人生の意味を探してます』とはおおっぴらに言わないのね。暗くてダサそうに見られるのがイヤだから。でも、多くの女子はまちがいなく人生の意味を探してるよ」

「理子は人生にどんな意味があると思う？」

「いや、質問されても……その答えをいま探している最中です、というのが答えだよ」

「ねえ、理子、理子はどうして答えを見つけることができないんだと思う？」

「わたしに人生経験が不足しているから？」

「そういう答えもありだと思うけど、本当は人生に意味なんてないから、というのが答えだとぼくは思うんだ」

「本当は人生に意味はない？」

「うん、人生に意味はないよ。ないものを探しても、見つからないのは当然じゃないか」

「いや、理屈はそうであったとしても……一般にはたとえば、誰かのことを愛することが人生の意味だ、とか、誰かのことを幸せにするのが人生の意味だ、とかって言われてるでしょ？　女子って愛とか幸せという言葉に弱いから、わたし、そういう言い方はよく覚えてるんだ」

「いいかい、理子。繰り返すけど、人生に意味はないんだよ。理子はたまたまその理子の性格を持ってこの世に生きているんだ。これは以前ぼくが言ったよね？　理子は、理子のお父さんの精子とお母さんの卵子によって生まれたわけだけど、理子が生まれた意味、すなわち、なぜこの理子がこの世に生まれたのかという問いの答えは、『たまたま』なんだ。生まれたことに限らず、理子がいまの仕事をしていることも、彼氏と別れたこともすべて、『たまたま』なんだよ」

「人生に意味はなくて、すべてはたまたま?」

「うん、そうだよ」

「そしたら、たとえば、わたしが母親とうまくいっていないのも、たまたま?」

「もちろんさ。だいたいさ、親とうまくいっていない人って、親の教育が厳しすぎたとか、親が過保護に育てたとか、そうやって親を責め立てる理屈を並べるじゃない?」

「理屈を並べるというか、過去に起こった事実を述べてるんですけど」

「うん、わかるよ。過去において理子のお母さんは、たしかに理子に厳しかった。我が子をいい大学にやりたいと思っていた理子のお母さんは、理子の考えを聞くことなく、小学生の頃から塾に通わせて、理子がやめたいと言っても聞き入れなかった」

「うん、そうね、さすがはすべてをお見通しのエスパーせーちゃん」わたしは呆れ声でそう言った。

「そういうお母さんのもとに理子が生まれたのはなぜ? そのお母さんのもとには、理子ではない誰かほかの子が生まれる可能性がまったくなかったとは言い切れないでしょう? たとえばなにかの加減で理子のお父さんとお母さんから男の子が生まれてきたかもしれないいね? そういう可能性が1%たりともなかったとは言い切れないでしょ?」

「うん、そうね、言い切れないかもね」

「理子はたまたま理子のお父さんとお母さんの子どもとしてこの世に生まれてきたんだ。

しかも、たまたまその理子の性格を持って生まれてきたんだ。そして、たまたま理子のお母さんは理子のことを厳しく教育したんだ。そして理子はたまたま、そういう母親とソリが合わなかった。たまたま新卒でブラック企業に入ってしまった。たまたま転職した。たまたまいまの会社で働いている。そして理子はたまたまいま、ぼくとこうしてしゃべっている」

「たまたまね……でもさ、人生はすべて『たまたま』によってできていて、意味なんかないと言い切ってしまうのって、なんか虚しくない？」

「そうかなあ。本当に虚しいのは、人生には意味しかないという考え方だとぼくは思うけどなあ」

「どうして？」

「人生には意味しかないと思っている人って、『今』を生きないで過去に生きているからさ」

「人生には意味しかない」と考える人

「ああ、言葉とは過去だというあの話ね」

「そう。意味って言葉を使って探したり構築したりするでしょう？　言葉はつねに過去だから、人生にはなんらか意味があるはずだとか、意味のない人生は虚しいものだ、などと思っている人は、けっきょくのところ過去に生きているんだ。だから、今という時がもつ動きを感じられないいんだ。『今』も『わたし』も絶えず動いているにもかかわらず、彼／彼女の思考は過去につながれたまま、過去から意味を見つけようとしているんだ。そういう人生こそが虚しいと思わないかい？　たとえば、この世のものとは思えないほど美しい色に空が染まり、太陽が今まさにのぼろうとしているにもかかわらず、彼／彼女は、その事実に驚くことなく、『人生の意味とは？』などと考えているんだ。そういう人生を虚しいと言わずしてなんて言うの？」

「たしかにそうね」

「あのね、哲学の世界には、実存主義と呼ばれている立場があるのね。ごく簡単にいえば、人間ってどういう存在なのだろうということを考える哲学的立場さ。その実存主義の考え方が好きな人の中には、人生の意味を果てしなく探す人がいるのね。人生には意味しかない！　人生意味だらけ！　という考え方をする人ね。そういう人をぼくはニヒリスト、虚無主義者と呼んでいる」

「虚無主義？」

「一般的には、人間の存在には本質的な意味などないと主張する哲学的立場を虚無主義というのね。でもぼくは、人生のすべては意味で説明できるという考え方こそを虚無主義と呼んでいるのさ」

「意味しか認めない姿勢が虚無的だから？」

「うん、そうね。人生には意味しかないと主張するということは、言葉で説明できないものの存在に気づいていないことを意味するからさ。ぼくは、人生に起こる多くのことは『たまたま』だと考えている。たとえば、ぼくが34歳を超えて生きられたのもたまたまさ。父親の呪いが解けたわけでもなんでもなくて、たまたまさ。あのね、ぼくのことを研究している研究者は、ぼくが信仰熱心だったから『開眼』したと言ってたりするんだけど、そしてそれは完全にまちがいではないけど、でもぼくは『たまたま』開眼したにすぎないんだ。だって、34歳を超えて生きられたことに心底驚き、同時にホッとしたという事実と、開眼したという事実って、どう考えても理論がつながらないもん。『たまたま』とか『なぜか』とかという言葉を使いながら説明するしかないよ」

「うん、そう言われてみればそうかもね。すべては『たまたま』で、人生には意味しかないと考えるのは虚無的かもね」

「理子、いいかい？　ぼくが理子に伝えたいことを端的に伝えるために、さっきぼくは人生に意味はないと言い切ったけど、でもね、生まれてきた意味があるはず、という考え方をぼくは否定しない。とくに人は、予測もしなかったような不幸な出来事が起こったとき、どうしても人生の意味を考えてしまうだろ？　たとえば、どうしてわたしはみんなからいじめられるのだろう、こんなわたしの人生に意味などあるのだろうか、とか。あるいは、同級生たちは希望の大学に合格したのに、わたしだけ大学受験に失敗した……こんなわたしなんて生きていてもしかたないのではないか？　とか」

「うん、たしかにすっごく不幸なことが起きたときって、人生の意味をつい考えてしまうよね」

「だよね。でもさ、そういうときだって、それとは独立に、今という時は絶えず動いているし、体内ではたとえば血液の入れ替えが行われている。立ち止まって意味を考えているまさにその瞬間にも、『今』や『わたし』は変化し続けているんだ」

大切なのは「今」や「わたし」の変化を感じること

「たしかにそうだね」

「だとしたらさ、人生の意味を考えることもときには必要だけれど、それとは独立に、『今』や『わたし』の変化も感じないと！　ここで大切なのは、考える、じゃなくて、感じるということね」

「『今』や『わたし』の変化を考えるのではなくて、感じる、ということね」

「そう！　それとね、じつは理子がまだ知らないことがあるんだ」

「なにそれ？　脅し？」

「理子はまだ、自分がこれから思いもよらない出来事に遭遇することを知らない。これはね、あるていど長く生きないとわからないことだから、理子くらいの年齢の人は知らなくて当然といえば当然だと思うけど」

「そっか……」

「理子はこれから『まさか』と思うような事態にかならず遭遇する。それがラッキーな出来事なら諸手を挙げて悦ぶといいよ。反対に不幸な出来事であれば、理子はそこから人生の意味を見つけるはずだ」

「意味を見つける？　『たまたま』だと思うのではなくて、人生には意味があるってこと？」

「さっきぼくは、意味を見つけるのとは独立に『今』や『わたし』の変化を感じることが大切だと言ったろ？」

「ああ、そっか。意味を見つけることも大事だけど、同時に『今』や『わたし』の変化を感じることも大事だと――そういうこと？」

「うん、そういうこと。一般的にいって、人は不幸な出来事から人生の意味を見つけるのね。あるいは暇でカネがないとき、人は人生の意味を発見するんだ」

「へえ！　そういうものなんだ。わたし、お金はいつもないけど、暇なときはこれまでなかったから、よくわからないな」

「暇なときは一度経験しておくといいよ。たとえば会社を辞めて3か月間なにもしないでプラプラするとかさ。そういうときって、たとえば、朝の10時くらいに用もなく近所の商店街に行って、お年寄りとか子ども連れのお母さんとかを眺めようと思えばそうできるじゃない？　そしたら、世の中って『会社のスピード』だけで回っているわけではないんだと、しかと実感するはずだよ。そう実感する自分とは、会社という自分が属する世界をもたない『ただの人』なわけだから、おのずとなんらか考えが生まれるさ。人って、所属先を失くして『個』になってしまえば、なぜかよくものを考えるようになるんだ。そういう経験からなんとなく、人生の意味とか、神様に与えられているであろう使命のようなものを人は発見するんだ。同時に、発見したという事実に端的に驚くんだ。それがたとえば、自分探しの旅の終わりなんだよ」

「そっか……なんか深いね」

「深いかどうかはぼくにはわからない。ただね、理子に理解してもらいたい最大のことは、宇宙の神秘と『わたし』の神秘を感じてもらいたいということなんだ」

なぜだかはわからないけれど、なぜか奇跡的に今ここに存在している

「宇宙の神秘と『わたし』の神秘？」

「宇宙の成り立ちについては、たとえば科学的にわかっていることがたくさんあるね。でもわかっていないことだってたくさんあるよね？　たとえば、ビッグバンについて。あるいは、地球における最初の細胞はどのようにして誕生したのかというのもまだわかっていない。なぜ太陽というものが存在しているのか、なぜ地球というものが存在しているのか？　その地球において、なぜ人間はこの人間の身体つきで存在することになったのか……などなど、まだ解明されていないことってたくさんあるだろ？　ただ、こうは言えるよね？　宇宙も人間も、なぜだかはわからないけれど、なぜか奇跡的に今ここに存在している——こうは言えるよね？」

「うん」

「それって、端的に神秘のことでしょ？　なぜかわからないけれど宇宙は今たしかに存在している。なぜかわからないけれど、『わたし』は、江戸時代にではなく今、ここに存在している。そういうことを端的に神秘と呼ぶんじゃないの？」

「たしかにそうね」

「あるいはこう主張する人もいると思う——神秘という言葉であいまいにまとめてしま

わないで、宇宙や『わたし』の存在になんらかの意味を果てしなく与え続けたい、と。ぼくはその主張を否定しない。でも、その主張と同じくらいかそれ以上に大事なことは、宇宙や『わたし』の存在そのものに対して、神秘だと驚くということなんだ」

「意味を見つけることも大事だし、神秘に驚くことも大事ってことか……。ねえ、せーちゃんはどうしてそう思うの？」

「あのね。人生には意味しかないと言い切ってしまうと、不幸な人が救われないだろ？そういうの、わかる？」

「不幸な人が救われない？」

「不幸な人って、たえず人生の意味を探しているんだ。なぜなら、必死になって人生の意味を探しても見つからないからさ。そういう人に『人生には意味があります、だからもっと努力してそれを探しましょう』と言ったらどうなると思う？」

「どうがんばっても人生の意味を見つけることのできない自分をますます無能者と見なして、さらに自分自身に絶望する……別の言い方をすれば、漠然とした淋しさにさらに絡めとられてどこにも行けない。それどころか、生きていることじたいがきわめて苦痛になる。場合によっては死にたいと思うようになる。でも死ねない。その死ねなさにさらに絶望する……」

「だよね。それってあんまりじゃない？　そもそも人生に意味があるという科学的根拠はないのだし、意味ばかり考えるというのは感覚器官を使っていないということだから、どこかしらアンバランスな生き方でもあるのだから、あまり意味意味と騒ぎ立てるのもどうかとぼくは思うんだ」

「たしかにそうね」

「本当に不幸な人って、たとえば、どこに行ってもの け者にされるよね。誰も口をきいてくれない。会社では仕事ができない無能者の烙印を押され、バカ課長とかと呼ばれる。家に帰ると家族と仲が悪いどころか奥さんや娘に汚いと言われる。友だちと呼べるような人はただのひとりもいない。では、と思って、たとえばキャバクラに行くと、キャバ嬢は笑顔で接してくれるけれど、腹の中ではその男の淋しさを見透かして、カネをふんだくる計算をしている、その結果……、とかさ、もう24時間絶望の中にいるよね。そういう人に、『あなたの人生にもじつは意味があるんです』と言ってしまえば『そしたらその意味とやらを教えてくれよ』と言うでしょうよ。そのとき、たとえば『あなたは誰かのことを幸せにするためにこの世に生きているのです。それがあなたの人生の意味です』と言ったところで、彼は納得なんかしないよ。それどころか、そんなのきれいごとだとわめき散らすよ。そうじゃなくて、『あなたがのけ者にされているのはたまたまです。家族と仲が悪いのもたまたまです。あなたの性格に特段悪いところはありません。だからあなたは、たとえばモルディブに移住するとみんなから必要とされる人になれますよ。でもそれもたまたまでですよ』と言ってあげたいじゃない？」

「モルディブ？」

「実際に、彼がのけ者にされているのは、たとえば『たまたまそういう環境にいるからだ』という理由なのだから、『どこかちがう場所でちがう人と触れ合うと人々に必要とされる人になるかもしれないですよ、でもそれだってたまたまですよ』と言ってあげたいじゃない？ってこと」

「うん、たしかにそうね。つまり、人生の意味を考えるときって、自分にとっての人生の意味だけではなくて、自分のまわりのさまざまな人のことも考慮に入れて考えるべきだということ？」

「そう！そのとおり！人生の意味って言葉で考えるじゃない？言葉って、とくに日本語は、日本人なら聞けば誰でもすぐにその意味を理解しちゃうじゃない？だから、まわりの人に配慮した言葉遣いで意味を構築すべきだとぼくは思うんだ」

「せーちゃんってやさしいのね」

「そうかな」

「……」

「いずれにせよ、人生の意味を考えることも大事だけれど、人生に起こるさまざまなことは『たまたま』であるという『意味のなさ』を味わうことも大事だということだ」

「それってどうすれば味わうことができるの?」

固有の経験からしか「意味のなさ」を味わうことができない

「理子に固有の経験から、おのずと味わえるようになるよ」

「わたしに固有の経験?」

「そう。今の世の中ってさ、たとえば、大学3年生になると就活をして当然とか、大学を卒業したらどこかの会社に新卒で就職して当然とか、24歳にもなれば恋人がいて当然とか、そんなふうに人と同じことをすることをよしとする風潮があるじゃない? その枠から外れたら、もうまともな人生じゃないみたいに思われるじゃない?」

「うん、そうね」

「でもさ、人と同じことをしなくてはいけないという強迫観念みたいなものをもし理子が持っているのなら、そういうのは捨てた方がいいよ」

「どうして?」

「自分はこうしたい、これをやりたいという欲求が、理子に固有の経験をさせてくれるからさ。マニュアルという『言葉』をなぞるように大勢につき従って行動しても、それは理子固有の経験にはならない。その必然の結果として、人生に起こるさまざまな出来事がもつ『たまたま』や『意味のなさ』を味わうことができない。『今』や『わたし』の神秘だって味わえない」

「そっか……わたしに固有の経験からしか『意味のなさ』を味わうことはできないのね」

「そうだよ。人生はじつはそのようにできているんだ」

「でもさ、わたしに固有の経験をしようと決意して、いきなりいま勤めている会社を辞めるなんてできないじゃない？　そういうのって非現実的だと思うけど」

「あのね、あなた独自の経験をしましょうと言うと、理子みたいに極端な発想をする人がときどきいるのね。たとえば『独自の経験をするために、明日からモルディブで暮らします！』などと、目をキラキラさせながら言っちゃうとかさ。そうではなくて、自分に固有の経験というのは、いま自分が本当はなにを感じているのかを大事にするところから生まれるんだよ。他人とちがう奇抜な行動をするところからは生まれづらいんだよ」

「いま自分がなにを感じているのかを大事にする？」

「うん。あのね、人はたいていの場合、ありふれた経験からなにかを感じることによって、結果的にそれを固有の経験にしているのね。たとえばさ、理子はいわばありふれた会社でありふれた仕事をしているでしょ？　その経験をとおして理子が本気でなにを感じるかが大事なんだ」

「本気で？」

「人って、自分が感じていることを世間に流通している言葉に置き換えるくせを持ってるのね。たとえばテレビのワイドショーでコメンテーターが言ったことを、自分もそう感じると思うことってあるでしょ?」

「うん、ある」

「そのとき人は、じつは自分が本気で感じたことを『丸めて』しまっているわけ。丸めるというのは、本当に感じたことから枝葉を落として、世間に通用しそうな考えにしてしまっているということ。でも本当に大切なものというか本当のことは、その落とした枝葉にあることのほうが圧倒的に多いんだ」

「ということは、世間に流通している言説って、あるていど嘘を含んでいるということ?」

「そうだね。枝葉に本当のことがあるのだから、それを丸めてしまった発言は嘘とも言えるよね」

「でもさ、コメンテーターって、そう簡単に嘘をつくものなの?」

世間の言説には必ず嘘が含まれている

「うん、簡単に嘘をつくよ。彼ら/彼女らは、むずかしいことや込み入ったことを端折って、視聴者が理解しやすいようなことしか言わないからね。コメンテーターってそうする使命を担っているともいえるから、彼ら／彼女らに悪気はないと思うよ。あるとすれば、『人々が理解しやすいことを言い続けることで共感を得て、もっと有名になり、もっとカネを稼ぎたい』くらいの、いわばかわいらしい邪心があるだけだと思う。でもさっき言ったように、複雑なことを簡単にしちゃった時点で、それはもう嘘なんだ」

「テレビをそんなふうに見たことはなかったな」

「あまりにも頻繁に目にするものを人は自然のうちに信用しちゃうからね」

「ということは、テレビで言っていることや、会社で誰かが言ったことに対して、『本当にそうなんだろうか』と思う習慣を身につけると、固有の経験をしやすいということ？」

「そう、そのとおり！」

「わたしさあ、世の中でよく見聞きする言動を、これまでそれなりに正しいこととか、なんとなく正しそうなことと認識していたんだけど、せーちゃんのいまの話を聞いて、もっと細かく物事を感じないと希望を持って生きられないなと思ったよ」

「いい感想だね。漠然とした淋しさを抱いている人って、往々にしてざっくりした世界観しか持っていないことが多いんだ。世の中はおよそこういう価値観でまわっているだろうとか、世間に流布している意見はおおむね正しくて、その意見のとおりに生きられないうとか、自分がきっとまちがっているのだろうとか、そんなふうにざっくりした価値観で生きていることが多いんだ。そうじゃなくて、精神を——あえて精神という言葉を使うけど——精神を細やかに扱うことで、本当のことが見えるようになるんだ。ひいてはそれが、みずから希望を生むことにつながるんだ」

「そっか……いまの話を聞いて、なぜか、これまでのせーちゃんの話のすべてが、理解できた気がする」

「あのね、理子はこれまでぼくが話したことのすべてをじつはすでに知ってるんだよ。その知っていることを、理子はこれまでうまく言葉にできなかったんだ。言ってみればそれだけのことさ。もちろん、自分がなんとなくわかっていたり感じていたりしていることを言葉にすることってすごく大事なことだよ。でもそれとは独立に、理子はぼくがこれまで話したことをじつはすでに知っているお利口さんだということさ」

「お世辞?」

「マジ」

＊

自分に固有の経験は、自分が本当はなにを感じているのかを大事にするところから生まれると、せーちゃんは言った。今わたしは、本当はなにを考えているのだろうか。よくわからない。

でも、自分が今本当はなにを考えているのかという問いは、自分の気持ちに正直に生きるとか、自分が今感じていることを正直に表現すると言い換えることができるようにわたしは思う。ちょうど片思いの百瀬さんのように。

たとえば彼はつねに、自分の気持ちに嘘をついていないと聞こえる発言をする。もちろん彼はサラリーマンだから、自分の意見と会社の意見が真っ向から対立したとき、自分の意見を押し殺して、会社の意見に賛同することがある。会議で何度かそのような百瀬さんを見た。でも、そのときだってきっと、百瀬さん的には精一杯、自分の気持ちに正直であろうとしているのだろうとわたしは想像する。百瀬さんのそういうところがわたしは好きだ。

自分の気持ちに嘘をつかないとか、自分の気持ちに正直に生きるなどと聞くと、周囲のことはさておき、とにかく我を通そうとする人がいるけれど、我を通すときもきっと、気持ち悪さや居心地の悪さを感じるはずなのだ。ということは、その気持ち悪さや居心地の悪さも考慮に入れたうえで、もっとも自分の気持ちに正直な言動を選択しよう試みるのが「正しい」のだろう。

百瀬さんは自分が本当はなにを感じ、なにを考えているのかを、つねによく知っているのだろう。だからきっと百瀬さんは、人生には意味があったりなかったりするというセーちゃんの考えを、きっとわたし以上によく理解するだろう。

たまたまについて。すべてのことはたまたま偶然起こったことだというせーちゃんの考え方が、わたしはとても気に入った。なぜならその考え方は、わたしの人生の見通しを良くしてくれたからだ。六本木ヒルズの屋上から梅雨明けの空を眺めるみたいな見通しの良さを、わたしに与えてくれたのだ。

興味のあることや、やりたいことを、高校卒業までに見つけられなかったのは、わたしのせいではなく、たまたま。こう言うと、努力不足を棚に上げてよくそんなことが言えるねと言う人がいることをわたしは知っている。でも、たまたまでいいじゃない。わたしはたまたまわたしの親になった人に、たまたま過干渉を受けて18歳を迎えたのだ。たまたま興味のあることを見つけられず、無難な選択をし続けたのだ。たまたまブラック企業に就職するハメになったのだ。たまたま転職したのだ。たまたまいまの会社で働いているのだ。たまたま短大時代に彼氏に出会い、たまたま付き合うことになって、たまたま別れたのだ。そして、たまたまいまの会社で百瀬さんのことを好きになったのだ。

たまたまという考え方って、どこかしら神様が導いてくれたような感じがするから好きだ。神様がいるのかいないのか、わたしは知らない。でも、どこかしら神様がいそうな気がするし、もしいないとしても、人間よりちょっとばかり偉い存在がわたしのことをどこかに導いてくれているような気がする。だから好きだ。ところで、神様ってなんだろう?

ふいに遠雷の音がしたと思ったら、やおら激しい雨が降り出した。たまたまという考え方が好き！　というわたしのぬくぬくとした気持ちは雨音に流されてどこかに消えてしまった。漠然とした淋しさの奴隷であるわたしのこころは、雨にめっぽう弱い。晴れの日は気分がよく、雨が降ると絶望的に死にたい気分になる。

人生がもつ「選べなさ」を受け入れる方法とは？

変化を嫌い、安定を一番としたい「親」の世代

7月に入ったら6日連続で雨の日が続いた。憂鬱な気持ちをどうすることもできないわたしは、せーちゃんに救いを求めた。

「せーちゃんさ、雨の日って、わたし、絶望的になにかが哀しくてさあ」と言い終わる前に、せーちゃんは床に女の子座りしているわたしの膝の上に乗ってきた。かわいいヤツめ。

「なにがそんなに哀しいの？」わたしの目を見上げながら、せーちゃんはそう言った。

「なにがって、なにもかもよ」

「なにもかもじゃわからないよ」

「う～んと……そしたらさ、人生がもつ『選べなさ』ってどうやって受け入れたらいいの？ という質問に応えてよ。選べなさってさあ、受け入れようと思って、はい受け入れました、みたいにはならないじゃない？ たとえば、わたしがこの親から生まれたという事実は選びようのないことなのだから、わたしは親のことを全面的に受け入れるべきだと

思っても、そう簡単に受け入れられないよ」

「たしかに。人生がもつ選べなさを受け入れるというのは、人生の大仕事みたいな気がするよね。具体的にいうと、頭では『これは選べないことだ』とわかっていても、こころが、というか身体がその判断に拒否反応を起こす、その拒否反応をどうしたものか、という問題だよね。親は選べないとわかっていても親の性格はもとより、その存在を受け入れられないとか。あるいは、いまの職場で働いている自分を、自分で受け入れるしかないとわかっていても、受け入れることができないとかさ」

「うん、そういう問題」

「そういうのって、当人にしてみれば大問題だよね。たとえば、自分がそこにいるのがイヤな職場って、それをまるっと受け入れないで転職しちゃえばいいわけだけど、でも当の本人してみたら、転職なんて夢のまた夢みたいに思えることだってあるわけだしさ。さて、どうしようか」

「どうしようかってわたしに振られても」

「て言うか、それについて、ぼくはすでに答えを述べたよ」

「え？」

「34歳のとき、ぼくはなぜか自分の過去と、持って生まれた性格を全面的に受け入れることができたと言ったよね？」

「うん」

「そのあとで、ぼくはなんて言った？」

「偶然にも受け入れることができたとか、なぜか受け入れることができたと言った。そして、その偶然とかなぜかとかについて、『今』と『わたし』がもつ神秘性というか奇跡性に驚きなさいと言った」

「うん、そうだね。それが答えだよ。もう少し丁寧に言うなら、『今』や『わたし』が持っている動性に敏感でありなさいということだ。『今』や『わたし』の変化に敏感でありさえすれば、やがて選べなさを受け入れることができるようになる」

「変化……」

「人生がもつ選べなさ――親とか、生まれ持った性格や能力、育った環境、場合によっては行った学校とか、そこで出会った人たち――たとえばそういったものを選べないものとして受け入れられない人って、10年も20年も前のことをいつまでも『あのときこうだったらよかったのに』などと思い続けているでしょ？　でもそれとは独立に、今という時は次々と現れては消えてゆくよね。代謝しているよね」

「うん」

「その代謝を感じられない人、言い方を換えれば、いつまでも過去のことに固執し続ける人というのは、本人は気づいていないけれど、じつは変化を嫌っているんだ」

「変化を嫌う?」

「うん、変化を嫌っているんだ。そういえば理子の親って何歳?」

「えっと……お父さんもお母さんも58歳」

「それくらいの年齢の人やその上の世代の人の中には、変化を嫌う人が多いとぼくは見てるのね。意識的に嫌っているのか、無意識的に変化を避けているのかはよくわからないけど、ようするに変化をよしとしない人が多いとぼくは見ているんだ」

「そうなの?」

「うん、ぼくはそう思う。戦後すぐの生まれの人とか、そのひとつ下の世代である理子の両親の世代の人って、ざっくりいえば、まだ戦争のにおいが残っている時代を過ごしたのね。そしたらさ、人によっては変化によって大変な思いを強いられたはずなんだ。戦争という大きな変化によって親を失くして苦労したとかさ」

「あ〜、なるほど」

「苦しい生活って、毎日変化の連続だろ? 今日はお米がありません、明日はお味噌がありませんとか。昨日は貧乏人の子だといって学校でいじめられました、今日は親戚に暴言を吐かれましたとか。経済的な苦しさがなかったとしても、とくに昭和40年代くらいまでって、いまとは比較にならないほど流動的な世の中だったし、明文化されない理不尽なルールがいくつもあったのね。たとえば、人助けと思って知人の借金の保証人になったらそいつが逃げて借金をまるまる抱えるはめになって、その借金が理子の親の代にまで引き継がれているとか。そんなふうに、いまではちょっと考えられないようなことが日常的に起こっていたんだ。いまの法律は保証人にやさしくなっているし、そもそもお金を借りるときに保証人を求めないこともあるからね。でね、そういう不安定さや理不尽さを子どもの頃に味わった人が大人になるとどうなると思う？」

「なにより安定が一番と思うようになる？」

「そうだよね。ぼくもそう想像する。そういう人たちが理子の親の世代や、その上の世代に大勢いるとぼくは見ている。つまり、変化を嫌う人たちがいまの超安定した大企業をつくり、その安定をよしとする社風をひたすら強固なものにし、そこに理子が派遣社員として勤めている……というようなことが言えると思うんだ」

変化を嫌う人がつくる社会にはひずみが生まれる

「あ〜、そうかもしれないね。わたしが働いている会社って、仕事がないのにふつうにお給料をもらっているおじさんがいっぱいいるのね。人の話だと、組合の力が強くて、会社がそういう人をクビにできないんだって。わたしさあ、いくら安定がなにより大事だと思っていても、仕事がない暇さがもたらす苦痛に耐えるくらいなら、さっさと辞めちゃえばいいのにと思うんだけど、そういう人は絶対に辞めないんだよね」

「ある種の大企業にはかならずそういう人がいるよね」

「あのね、うちの会社って、経費削減施策をやっているのね。あるおじさんの社員は、うちの部署の休憩室に置いてあるコーヒーを飲む紙コップの使用数を数えて、それをエクセルの表にしているのよ。わたくしどもの部署は今月はこれだけ紙コップを使うのを控えました、わたしたちの部署は経費削減意識が高いで〜す！　みたいなことを部長たちが集まる会議で報告するんだけど、そのための資料をつくっているのよ、朝から晩まで。もうさ、そのおじさんを見てたら、『紙コップの数を数えるのがぼくの仕事です！　ぼくは定年までこの仕事にしがみつきます！』というのがありありとわかるの。でもおじさんはその思いを絶対に口にしないの。だからそのおじさんが会社にしがみついていると断定できないのよ。そのおじさんに限らず、じつは何人もの社員が会社にしがみついていると思うんだけど、そういう人たちってずる賢いから、絶対に『しがみついてます』って言わないの。だから、どよんとした淀んだ空気が部署全体を覆っているの。でも誰もそれを是正することはできない。明確な根拠を示せないことは『ないものとして考える』という暗黙のルールがあるから」

「ハハハ！　絵が浮かぶね。ついでに言っておくと、『地方』も同じだよ」

「地方？」

「いまさ、地方のさびれた町は、地方創生などといって町おこしに躍起じゃない？　うちの町に移住してきてくれたら家賃を補助します、なんていう町もあるじゃない？」

「うん、ネットニュースで読んだ気がする」

「ところで、地方の若い人って、どうして都会に出たがるんだと思う？」

「仕事がないから？」

「もちろんそういう理由もあるよね」

「ほかには？」

「ほかに？」

「ぼくはね、地方が変化というものを受け入れないから、若い人がイヤになって都会に出ていくんだと思うんだ」

「変化を受け入れないから？」

「地方の人って変化をよしとしないじゃない？　進学を例に挙げるなら、地方の高校って、いまだに国公立大学に何人行った、なんてことにこだわるじゃない？　あるいは、その地域でもっとも偏差値が高い高校の出身だということを死ぬまで自慢する人がいるじゃない？　はたまた、国会議員の誰それと知り合いだということをことさら自慢する地元の名士がいるわけじゃない？　もうさ、地方って、むかしの価値観のまま揺るがない揺るがなさを持っているんだよ。だから、新しい価値観が入ってきたら、みんなでそれを潰しにかかるんだ。それだけならまだしも、既存の価値観に変化を加えようとするものをなかったものと見なして、しれっとスルーするんだ」

「あ～、わたしの田舎を思えば、なんとなくわかる気がする」

「対して、若い人は変化に敏感でしょ？　古い価値観に従って、たとえば必死に勉強して国立大学に合格して、地方の名士と呼ばれている人に褒めたたえられても、腹の中では『誰？　このおっさん。わたしはべつに国立大学に行きたくて行ったわけじゃないんだけど』とかと思っているわけじゃない？　地方は変化を受け入れない頑固さを捨て去らない限り、どのような施策をおこなっても繁栄しない！」

「せーちゃん、言い切るねえ！　たしかに、地方って、そういう一面を持っているから繁栄しないと、わたしも直感的に思うけどさ」

「でしょ？　さて、話をもとに戻すと、変化を嫌う人がつくる社会って、どうしてもひずみが生まれるでしょ？」

「あらゆるものはじつは変化しているにもかかわらず、その変化を嫌うどころか、なかったものにしちゃうから？」

「そう、そのとおり」

「そういうのって、理子の世代くらいから徐々に変えていったほうがいいと思うんだ。人ってつねに変化しているし、今という時も絶えず変化しているのだから、すべてのものは変化するという考えのもとに生きたほうが自然だろ？　変化するものに対して『変化するな！　わたしは変化など受け入れない！』と思ったところで、変化するものは人の意思を超えて勝手に変化するのだから」

「そうね。わたしの場合だと、わたしはつねに変化しているのだから、わたしはわたしの考えの変化に応じて適当な時期に働く場所を変えるとか、交友関係も適当な時期に変えるとか、そうするほうが自然だと思う。もっとも、自分の意思で変えられるものと変えられないものとがあると思うけど、変えられるものは変えたほうがいいように思う」

「だろ？　不自然な生き方をしていると、どうしても人生にしわ寄せがきてしまう」

変化は感覚でしか捉えられない

「たとえば？」

「たとえば理子は、勤続40年の人って素晴らしいと思わないかい？」

「素晴らしいと思うよ。わたしはひとつの会社に40年も勤務できないと思うから」

「でもさ、ひと口に勤続40年といっても、いろんな人がいるじゃない？　たとえば、あるていど自分の成長というか変化に応じて、所属部署や役職が変化した人はきっと幸せさ。でもさ、そうじゃない人も大勢いるんだよ。仕事において自分が成長したくても、ずっと同じ仕事をさせられて、成長したい、変化したいという気持ちを押し殺しながら、いわば我慢しながら定年を迎えた人って、世の中にいっぱいいるだろ？」

「うん、わかる。わたしの部署のおじさまたちって、そういう人が多いわぁ〜」

「だろ？　でもさ、どうして社会や会社は変化を認めないのだと思う？」

「変化って究極的には感覚でしか捉えられないものだから。いまの世の中って、なにかにつけて論理的と思える理由を求めてくるじゃない？　理屈が通らないことを認めないというか、理屈さえ通れば悪事を働いてもいいというのがいまの世の中じゃない？　そういう世の中と、感覚で捉えるしかない変化——すなわち理由を言えないものの食い合わせが悪いんじゃないの？」

「いいぞ、理子！　理子はお利口さんだね」

「てへっ」

せーちゃんはきっと、理性と感性、すなわち、言葉にできるものと、言葉にできないもののバランスが、わたしたち一人ひとりの人間の中でとれていないというようなことを言いたいのではないだろうか——こう直感したゆえの発言をせーちゃんが褒めてくれた！

勢いづいたわたしは、別の角度からせーちゃんに問いかけた。

「そういえばさ、わたしの親も変化をよしとしないのね。わたしのことも、親自身のことも、なにも変わらないことをよしとするの」

「理子の両親はもしかしたら、戦後、大変な思いをしながら、どうにか生きてきたのかもしれないね」

「そうかもね。親が若い頃どんな暮らしをしていたのかなんて、尋ねたことがないからわからないけど、もしかすればそうかもね」

「かもね。でね、親のことはともかく、選べないものがもつ選べなさを受け入れられる人になりたければ、自分自身のなにかを変化させることから始めるといいよ。転職するでも、引っ越しするでも、読む本のジャンルを変えるでもいい。とにかくまずはなにかを変化させることだよ。そのためには感覚器官をおおいに使うこと！　頭であれこれ考えるだけでは、選べなさを受け入れられるようにならないから」

「感覚器官を、ね……」

「感覚することを大事にしてごらんということだよ。そしたらそれに連動して、なにか思いもよらないことがかならず変化するから。すると毎日それなりに発見や驚きが生まれる。その驚きが、次なる変化を生み出す原動力になる」

「変化が変化を呼んできてくれるってこと？」

「そうだ。パースという哲学者がそれに近いことを言っているんだけど、パースのことはさておき。変化が変化を生み出すサイクルが生まれたら、その人はもう、漠然とした淋しさから卒業したも同然さ」

「そっか！」

「理子、いいかい？　大切なことは、なんらかを発見することじたいを、また、なんらかに驚くことじたいを楽しむことだ。変化を嫌い、なかったことにする頑固な地方の名士には死ぬまで理解できないと思うけど、理子は理解できるだろ？　発見することそれじたいを楽しむこと。驚くことそれじたいを楽しむこと」

「うん、理解した！」

＊

わたしたちは、なんらかがうまくいかない原因を過去に求めるくせを持っているのかもしれない。たとえば、親とうまくいっていないと、「あのとき」母はわたしにこうしたとか、「あのとき」親がこうしてくれていればなど、とかく済んだことについ言及してしまうように。あるいは、意に染まない職場で働いていると、就活のときこうしておけばよかったとか、大学時代から就職に有利な人脈を構築しておけばよかったなど、いまさらどうにもならないことにこころを奪われてしまうように。

変化。

そういえば、わたしのクローゼットの中の洋服は短大時代からほとんど入れ替わっていない。わずかに買い足したものもあれば捨てたものもあるけれど、基本的には変化していない。派遣社員として働いているわたしは、いまだに新卒のときにもらっていたお給料と同じくらいしかもらっておらず、しかも貯金することに気をとられているからだ。でもそれではまずいな……。

そう思った日の仕事帰りに、わたしはファストファッションの店に入った。そこで売られている洋服は、あきらかに10年前のそれとはちがっていた。何着かの服を買って街を歩けば、短大時代にあった店がなくなり、新しい店ができていることに気づいた。街ゆく人のメイクも、わたしが知っているのとは少しちがっていた。目の前を流れる車列を注意深く見ると、車にまったく詳しくないわたしでも、10年ほど前のとはちがうとわかった。

新卒で入社して以来、ブラック企業に入ってしまったことに悩み、失恋に悩み、派遣社員として働いていることに悩み……わたしはわたし以外のものを見てこなかったということに気づいた。自分の過去に気をとられ、「今」を見ていなかった。

言うまでもなく、交友関係も高校時代のまま時が止まっているし、きっと異性を見る目も高校生の頃のまま時が止まっている。精神的な引きこもりとしての10年を、わたしはそろそろ卒業しないと！　漠然とした淋しさの奴隷としてではなく、なんでもないただの人として、発見することじたいを楽しみ、驚くことじたいを楽しみながら暮らしていけるようにならないといけない。

そう考えると、漠然とした淋しさの奴隷から解放されることは、わたしが思っているほどむずかしいことではないように思えた。この10年で変化していない自分と、変化した世の中とを見比べると、具体的に自分のなにが変化していないのかがわかったからだ。その変化していないものに変化を与える中で、なにかが発見され、なにかが驚かれる――そのことがさらなる変化を呼んでくる、すなわち、変化の自動サイクルが生まれる。

なんだかわたしにもできるとても簡単なことのように思えた。

引きこもり解消法

引きこもっている人が隠しているもの

家に帰るとなぜか、引きこもりについてせーちゃんが話しはじめた。

「ぼくは34歳になるまで、精神的にかなり引きこもっていたから、いまの時代の引きこもりの人の気持ちがわからなくもないんだ」

「それって、わたしの『週末限定プチ引きこもり』にも通用する話？」

「もちろん」

「なら聞かせて！」

「まず重症の人のことから話そうか。たとえば、10年以上自室から出てこない引きこもりの人っているじゃない？　で、その人にテレビのインタビュアーがどうにかインタビューしたら、たとえば、大学受験に失敗したことがきっかけで引きこもるようになったとかって言うじゃない？　あるいはどこかの会社に就職したものの、会社における人間関係がきっかけで引きこもるようになったとかと言うじゃない？　親とうまくいかないから引きこもるようになったと言う人もいるよね？　引きこもるだけならまだしも、人によっては、大学受験の失敗や、会社でうまくやっていけないことの原因を親に求めて、親に八つ当たりしたりするじゃない？」

「うん、なんかそういうの、テレビで見た気がする」

「そういう人ってどうすれば救われると思う？」

「引っ越したり新しいことを始めたりして、なんらかの変化をみずから起こせば救われる？」

「結論としてはそうだよ。でも引きこもっている人をいきなり引っ越させるわけにはいかないじゃない？　それができないから引きこもりなわけだから」

「あ、そっか」

「ではどうすればいいと思う？　どうすれば引きこもりの人を変化させることができると思う？」

「う〜ん……本人がなんらか変化したいと思わないと無理じゃないかな？」

「理子、そうじゃないんだ。**引きこもっている人は、自分が変化すべきだと、もうじゅうぶんなくらいわかっているんだ。**でも変化できないんだ。頭で考えていることと身体とがバラバラになってしまうんだ。どうしても。だから引きこもりなんだよ」

じゅうぶんなくらいわかっている……たしかにそうかもしれない。と思った直後、言葉が口を突いて出た。「あ、わかった。せーちゃんさ、これって葛藤の話？」

「そう！　理子よく気づいたね。あのね、引きこもっている人は、引きこもっている自分と、引きこもっていないでなんらか人の役に立つことをしたほうがいいと思う自分とのあいだで葛藤しているのね。で、そういう自分をもうひとりの自分が見ているんだ。ということは？」

「ということは……そうやって葛藤している人に対して『引きこもっていてもいいですよ』と言ってあげると救われる？」

「たとえばそういうことが言えるね。『引きこもってはいけない、とにかく自室から出てきなさい』と言うのではなくて、『好きなだけ引きこもっていてもいいですよ』と言ってあげることだ。そしたら、本人が、『ぼくは／わたしは、好きなだけ引きこもっていてもいいんだ』と思って、あるていどは葛藤の度合いが低くなるだろ？」

「本当にそれでいいの？」

「ところが、だよ。好きなだけ引きこもっていいんだと思った直後、『やっぱりそれではまずいのではないか』と、本人が思うんだ。どうしてだと思う？」

「どうして……？」

「引きこもっている人は自分のなにを隠していると思う？」

「なにをって……自分の部屋に引きこもっているんだから、自分の身体を隠している？」

「身体じゃないよ。引きこもる人は、自分が恥ずかしいと思っている過去の自分を隠しているんだよ」

「恥ずかしい過去の自分？」

「うん、そうだ」

「あっ、わかった！　自分が恥ずかしいと思っている過去を隠そうとするから漠然とした淋しさが生まれるという、あの話のこと？」

「そう！　理子、よく思い出したね。引きこもりの人は、引きこもりではない『ふつう』の人として生きるほうがいいと、すでにわかっているんだ。自分がなにをすべきか、じつはわかっているんだ。神様から与えられている使命をじつは知っていると言ってもいい。でも、自分が恥ずかしいと思っている過去の自分にこころが支配されているから、その『わかっていること』ができないんだ。だからますます引きこもるようなる。だから『好きなだけ引きこもっていいですよ』と言ってあげることに一定の意味があるんだ」

「そういえば、せーちゃんは以前、過去の自分を自分や世間に対して隠したいから引きこもるって言ってたね……」

「10年以上引きこもっている人に限らず、週末になると家にこもってどこにも行かない理子のようなプチ引きこもりの人も同じさ」

「あ〜、わたしのことね……たしかに……仕事の日は会社に行くという明確な目的があるから外に出るけど、週末になると『こんなわたしを世間の人々に晒したくないな、晒すのが恥ずかしいな』と思って外に出ないもんね、わたし。どうしても外出しなくてはならないときは感染症の心配がなくてもマスクしたりするしね。真夏でも」

「うん、平時であってもつねにマスクをつけるというのも、引きこもりの一種だ」

「せーちゃんあのね、わたし、漠然とした淋しさから逃れることもできず、友だちも少なく、淋しいから誰かとエッチしたいと思っている、そんなネガティブビッチみたいなわたしの脳内を誰にも見られたくないと思ってしまうのね。脳内どころか、わたしの存在そのものを見ないで！　お願い！　って思っちゃうの……」

引きこもりの原因を誰かに話すこと

「自分が恥ずかしいと思っている自分を隠すために、人は引きこもったりマスクをつけたりするんだ」

「うん、それはわかった。あとさ、引きこもりの人って、親と仲が悪かったりするじゃない？　親が過干渉で、そういう親に反抗するために引きこもるとか」

「親が過保護だと、引きこもっている子どもは、部屋を出たらまた親から過剰な干渉を受けるのではないかと怯えているということさ。だから、親と物理的に離すというのも方法だよね。ぼくみたいに、34歳になった瞬間、『ぼくの人生の足枷は父親ではなく、自分の考え方そのものだったんだ』と気づけばいいけど、それは偶然そう気づいたわけで、気づけと言われても無理なときは無理なんだよ。だからとりあえず、親と物理的に距離を置くのも引きこもり解消における重要なことだとぼくは思う」

「なるほどね。で、ほかになにか引きこもり解消法はないの？」

「引きこもりの原因を誰かに話すことかな」

「あ、恥ずかしいと思っている過去を隠すところから、人は漠然とした淋しさを抱えるようになるから？」

「そう。たとえば、いわゆる挫折経験って、長い目で見たらその人にとって必要な経験だからその人の身に起きたといえるんだ。だから本当は恥ずかしいことでもなんでもないんだ。でも引きこもりの人にとっては恥ずかしい経験であって、とても他人になんか言えないと思っているのね。でもだからといって隠し続けると、漠然とした淋しさは消えてくれない。すなわち、引きこもりは続く。ということは、たとえばネットででもいいから、自分が隠したいと思っている過去を誰かに話すことが大切なんだ」

「それができないから引きこもるのじゃなくて？」

「そうだよ。だからさ、話がここまできたら、あとは専門医に任せようということになることのほうが多いんだ。実際、引きこもりって、医者から病名を与えられる本当の疾患であることもあるから、医者ではないぼくたち素人が軽々しくあれこれ言ってはいけないとも言えるからね。でも、恥ずかしいと思っている過去を誰かに言える『余力』があるのなら、言ったほうがいい。言えばどうにかなる！　隠そうとするから、ますます病んでしまうのだ！」

「まあ、そう熱くならないで」

「いずれにしても、できる範囲でいいから、なにか変化を起こすことさ。隠したい過去を誰かに言うというのだって変化だろ？　これまで誰にも言えなかったことが言えるようになったという、とても大きな、とても素晴らしい変化じゃないか」

「そうね、そうだね」

「なんでもいい、小さくてもいい。できる範囲で、自分の身になんらか変化を起こすことで、『今』という時も、『わたし』という存在も、じつは絶えず変化しているということを感じることが大切なんだ。本当は、遊ぶとか、花鳥風月を愛でるとか、そういう単純なことでもいいんだけど、引きこもりの人って、『今』を『過去』にしてしまっているから、花でも活けようかと思うという単純なことができなかったりするしね」

「たしかにそうね」

引きこもりの人は願うことが足りていない

「ぼくは思うんだけど、ぼくみたいに『人生には意味はなくて、すべてのことはたまたま起こったことなんだ』と思えるようになると、引きこもりって一発で解決するんだけどなあ……。でも、まあ、ぼくはたまたま、偶然、奇跡的にも、そう思えるようになったわけで、どうすれば人生に意味はないと思えるようになるのか、はっきり言ってよくわからない。もちろん『変化』がキーワードになるというのは、さっきから繰り返し言っているとおりなんだけどさ。でもさ、その変化も、引きこもりの人にとっては、自室のドアを1ミリ開けるという変化を起こすのに、それこそ何年もかかったりするわけじゃない？　だから、究極的にはぼくには引きこもり解消法がわからないよ。でもね、絶対的に言えることは、恥ずかしいと思っている過去の自分は恥ずかしくなんかないということ。そして恥ずかしいと思う過去の自分を隠し続ける限り、引きこもりは解消されないということ。別の人間に生まれ変わりたいと思っているうちは、決して別の人間になれないというのと同じことだよ。反対に、誰かに打ち明けることができれば、引きこもりが解消される可能性が生まれる。でも下手に打ち明けてしまうと重症化することもあるから、信用できる人に相談するしかないかもしれない」

「信用できる人がいないから引きこもっているんじゃなくて？」

「そうだね。たしかに……」

「引きこもりの状態で、どうやって信用できる人を探すの？　ネットで簡単に探せるものなの？」

「まずは信用できる人を探したいと願うことから始めるといいよ」

「まずは願うことから？」

「そう。願えばどんな扉だって開くから」

「マジで？」

「マジで」

「かっこつけた決め台詞じゃなくて？」

「じゃなくて。願えば本当にドアは開くんだよ」

「どうしてそう言えるの？」

「決まってるじゃないか。引きこもりの人は、引きこもるまでも、引きこもってからも、もうじゅうぶんにがんばっているからさ。さっきぼくが言ったろ？　引きこもりの人は葛藤に葛藤を重ねて毎日、毎時間、毎分、毎秒を過ごしているんだ。もう切ないくらいじゅうぶんがんばっているんだ……。足りないのはひとつだけ、願うということが足りないだけなんだよ。願うのは『今』という時において願うわけだろ？　過去に生きている引きこもりの人は願うことが足りていないというのは、そういうことさ」

本当に恥ずかしいことは、恥ずかしいと思う気持ちを隠そうとして恥ずかしいと言えないことなのだろう。ちょうど人前で話すとき、緊張していることを隠そうとすればするほど緊張が増すように。

＊

世の中には、恥ずかしい体験を他人にさらっと伝えることのできる人がいる。そういう人は、恥ずかしい過去を隠しまくっていた時期があり、そういう自分こそが真に恥ずかしいのだとあるときに気づいたから隠さなくなったのだろうか。それとも生まれつき隠さない性格なのだろうか。

そういえば、成功者と呼ばれている人の中には、子どもの頃貧しかったことや、いじめられていたことなどを隠すことなく、正直に語る人がいる。そういう人は成功したから隠さないようになったのだろうか。それとも、生まれつきあけっぴろげな性格なのだろうか。わたしにはよくわからない。

でもひとつだけわかることがある。それは、わたしは変化する時期に差しかかっているということだ。それだけはなぜか明確にわかる。

自己肯定感はどうすれば高くなる？

「他人の評価」と「自信」の関係

「ところで、せーちゃんさあ、引きこもりの人って自己肯定感が低いといわれてたりするじゃない？　その自己肯定感って、どうすれば高くなるの？　自己肯定感が低いとか、自分のことを自分で好きになれないとか、他人の評価を過剰に気にしてしまう性格が直らないとか、そういうわたしの悩みに応えてよ」

「うん、それらの問題の根っこはすべて同じだよ」

「え？」

「問題の根っこも同じなら、解決法も同じだ。しかも解決法はこれまでぼくが言ったとおりだよ」

「恥ずかしいと思っている過去の自分を隠さないということ？」

「そう。恥ずかしいと思っている過去の自分を隠さないようになれば、人は自然と他者からの評価を過剰に気にしなくなる」

「そういうものなの？」

「そうさ。他人からの評価を過剰に気にする人って、『他人がどう言おうとわたしはこう生きます』という思いがないから過剰に気にしてしまうのね」

「そんなことはわかってるよ」

「ではどうして、そういう気持ちをもてないのだろう？」

「どうして？　神様に与えられた使命がわかっていないから？」

「ハハハ！　それじゃ話が飛びすぎだよ」

「そっか」

「でもまあいいや。そこから話をしようか。ではどうして、彼／彼女は神様に与えられている使命がわからないのだろう？」

「恥ずかしいと思っている過去の自分を隠すことに精一杯だから？」

「そうだね。ということは？」

「ということは？」

「恥ずかしいと思っている過去の自分を隠すというのは、過去に生きているということでしょう？　たとえば、とうに過ぎ去った受験の失敗を『今』のこととして捉えているから、彼／彼女は『今』において過去の自分を恥ずかしいものと見なし、その恥ずかしいものを自他に対して必死になって隠そうとするわけじゃない？　つまり、彼／彼女は、『今』

過去の恥ずかしさを生きているわけだ。別の言い方をすれば、『今』や『わたし』がもつ変化に気づいていないとか、その変化に驚けない驚けなさにがんじがらめになっていると言えるね」

「うん、わかる」

「でもさ、その話はさっきしたから、ちがう話をしようか」

「うん、そうして！」

「よくさ、他人の評価が気になってしかたない人に、『他人からどう思われるかなんて関係ないのです』とか、『ありのままの自分でいいと思う勇気をもとう』、『自信をもてば他人の評価が気にならなくなります』などと言う人がいるじゃない？」

「うん、自己啓発の本で読んだことがある」

「でもさ、他人の評価が気になってしかたない人は、**そんなことわかってるんだ**。百も承知なんだ。でもそのわかっていることがどうしてもできないんだ。なぜだと思う？」

「恥ずかしい過去を隠そうとするから？」

「ハハハ！　それじゃ話が無限に循環するじゃないか」

「あ、そっか」

「あのね、自信をもつといいとわかっているにもかかわらず、なぜか自信をもてない人とか、ありのままの自分で生きたいと思ってもなぜかそう生きれない人というのは、端的に、なぜかこの世にうまく馴染めない人なんだ」

「なぜかこの世にうまく馴染めない人？」

「あのさ、他人の評価をほどよく気にしながらひょうひょうと生きている人とか、ありのままの自分で生きようとことさら意識しなくても、ごくふつうに自然体で生きているように見える人っているじゃない？」

「うん、いるね」

「そういう人って、なぜかわからないけどそれなりに世間に馴染めているんだ」

「なにかすごい経験をしたり、すごい実績を出したりした結果、自信をもてたからありのままに生きているのではなくて？」

「むろん、そういう人もいると思うよ。でも、実績を出しても出しても他人の評価が気になってしかたない人もいるし、どんなにすごい経験をしてもありのままの自分で生きるってどう生きることなんだろう？　と思って、不安にさいなまれながら日々を過ごしている人もいるよ」

「たしかに、そういう人もいるかもね。いないと断定することはできないと思う」

「とすれば、他人の評価が気になってしかたない人は、なぜ他人の評価を気にしてしまうのだろう？」

「う〜ん……」

「ぼくは『考えてもいいこと』を知らないからだと思うんだ」

「考えてもいいことを知らない？」

「うん、たとえばさ、他人の評価が気になってしかたない人って、ほぼ自動的に自信をもちたいと思うでしょ？」

「うん」

「それ、どうして？　どうして他人の評価が気になってしかたないという自分のあり方と、自信という概念とが結びつくの？　それって、そうやって結びつけて話す人が単に多いからというだけじゃないの？　じつは結びつかないのではないの？」

「でも、現にいろんな本にそうやって書いてあるよ。他人の評価が気になってしかたない人は自分に自信のない人です、と」

「じゃあ訊くけど、自信ってなに？」

世の中の「上げ底」を疑う

「自信って……自信は自信よ。自分の価値や能力を自分で信じる力とか、自分のことを自分で信頼する力のことでしょう？」

「辞書的な意味はたしかにそうだよ。いいかい、理子。ぼくが理子に気づいてほしいのは、他人の評価が気になってしかたない人とか、自信をもちたくてももてない人というのは、じつはこころのどこかで世の中の上げ底を疑っている人なんだ」

「世の中の上げ底？」

「これね、ぼくが10回目くらいに生まれ変わったとき、たまたま読んだ永井均という哲学者の本に書いてあったんだけど、聞きたい？」

「うん、聞きたい！」

「たいていの人は世の中の上げ底を見ても、見なかったことにして『ふつうに』生きていくんだ。対照的に、世の中の上げ底を見てしまったがゆえに、自分で上げ底を埋めないことにはうまく生きていけないタイプの人がいて、哲学とはそういう人のために開かれている学問だと、永井は書いているんだ」

「上げ底……」

「他人の評価が気になってしかたない人は自分に自信をもちましょう、勇気を出してありのままの自分を認めてあげましょう——このような言い方がすでに、上げ底を見てしまった人にとっては上げ底なんだよ」

「つまり、多くの人が疑わないでしれっと受け入れている世間の常識みたいなものを、せーちゃんは上げ底と呼んでいるってこと？」

「うん、そうね、常識。他人の評価が気になってしかたないという思いとは、じつは常識を疑っている自分から生まれるんだ。この世は本当はそういうふうにはできていないんじゃないのかと疑っているんだ。たとえば、なぜ自信をもつことで他人の評価が気にならなくなるのか？　という問いを、じつは頭の中で立ててしまっているんだよ。世間の人々がなにやらわかったふうな顔をして、『自分に自信をもっと他人の評価が気にならなくなります』などと言って、上げ底を自動的に埋めるような言い方をするのに対し、世間に馴染めない人たちは、『世の中って、本当はそうはできていないんじゃないのか』とか、『他人の評価が気になるということと自信とは、本来なんの関係もないのではないか』といったような問いを、じつはひそかに、本人も言葉にできないような感覚として持っているんだ。より厳密には、その感覚を言葉にできない人もいれば、言葉にできるんだけど言葉にしてはいけないのではないかと思って、ひたすら押し殺している人もいるわけだけど」

「どういうこと？」

「問われるべき問い」がなかったことにされてしまう

「あのね、誰かが『この問いは問いとして持ってもいいのですよ、その問いについて考えてもいいのですよ、なぜならその問いはこれまで誰にも考えられてこなかっただけであって、本当は問われるべき問いなのですよ、問うて当然の問いなんですよ』と言ってあげないことには、なかったことにされてしまう問いが世の中にはあるのね」

「たとえば？」

「永井の場合だと、『なぜ悪いことをしてはいけないのか』という問いがそうだったらしいよ。道徳のことを倫理と呼ぶんだけど、倫理学においては、悪いことをしてはいけないという考えがなぜか前提としてまずあるらしくて、その前提ありきで倫理について考えるというのが、『ふつうのこと』なんだって。でも永井は、子どもの頃からその前提そのものを疑っていたのね。すなわち、前提抜きに『なぜ悪いことをしてはいけないのか』と考えていたんだ」

「へえ」

「類比的に、他人の評価が気になる人は、次のことを知っている人だといえる。すなわち、自分に自信をもてば他人の評価が気にならなくなりますという言い方には、『他人の目が気になる＝自信のなさ』という前提がすでにセットされていることと、その前提そのものが怪しいということをね」

「なるほど」

「とすれば、そこからいくつかの問いが立てられるじゃない？　たとえば、なぜ他人の評価を気にするのはよくないことなのか？（だって、世間の人たちは空気を読めとしきりに言っているではないか！）という問いとかさ」

「あ〜、たしかに」

「世間に馴染めない人とは、そのような問いを立ててもいいと知らない人なんだ。あるいは、そのような問いは、問うてはいけない問いだと思っている人なんだ。なぜなら、それを問うというより、世間の常識に自分の心身を馴染ませるべきだと思ってしまっているから。だから、誰かが『どうして他人の評価が気になるのってよくないことなのだろう／どうして他人の評価が気になるというのと自信とが結びつくのだろう』などという問いをおおやけに提示してあげることによってはじめて、世間に馴染めない人は救われるんだ」


「馴染めなさ」についての問いはどこまでも自由に立ててもいい

「考えてもいい問いになったら、他人の評価が気になってしかたない人は救われるの？」

「少なくとも、自分と同じことにつまずいている人がこの世にいることを発見して、ホッとするだろうね」

「たしかにそうかもね」

「ホッとすると同時に、『自信をもて』とか『勇気を出そう』とか、お決まりの無理難題を言う人をこころの中で見下すだろうね。そのうえで、世間にうまく馴染めない馴染めなさを持っている自分を認めはじめるだろうね。そして、馴染めなさについて誰かに話しはじめるとか、馴染めなさについて考えだすだろう。なぜなら、彼／彼女にとって、それは『考えてもいい問い』に変わったから」

「なるほど。考えるって、そういうことなのね」

「大人になれば『わたしってなんだろう』とか、『自信のなさがコンプレックスである自分とはなんだろう』という問いをいとも簡単に打ち捨てて、しれっとした顔で働いて、それなりのお金を得て、それなりの生活をして、結婚したら家を買って車を買って子をもうけ、なんなら犬かネコを飼うみたいな、それで『ふつう』みたいな、世の中に流通しているひとつのパターンってあるじゃない？　そのパターンのあちこちにじつは上げ底があるというのは、理子もわかるよね？」

「うん、わかる」

「繰り返すけど、世間に馴染めない人たちは、その上げ底に敏感なのさ。だからたとえば、他人の評価が気になってしかたない自分のあり方を問題視してしまうのさ。そういう人には、どこまでも自由に問いを立ててもいいということをまず教えてあげるべきなんだ。**この世には考えてはいけないことなどなにひとつない**ことを教えてあげるべきなんだ。そしたら彼／彼女がもつ世間に対する馴染めなさは、放っておいても問いを立て、立てた問いについて考えはじめるんだ。やがてそれは独自の考え方をたどり、最終的に比較的ありふれた答えを見つけるんだ」

「ありふれた答え？」

「哲学ってさ、これまで誰も言ったことのないような奇想天外な答えにたどり着くことってあまりないのね。というか、答えはべつになんだってかまわないんだ。答えにたどり着くまでに、自分なりに納得のいく考え方をすること、それが哲学なんだ」

答えにたどり着くまでのプロセスが哲学

「そういうものなの？」

「そういうものさ。たとえばさ、誰もが知っているとおり、ソクラテスは『無知の知』と言っただろ？　自分がなにも知らないということに謙虚でありなさいという言説って、べつに奇想天外な言説じゃないじゃない？　あるいは、ぼくは『こころの中で絶えず神様と対話をしなさい』というようなことを本に書いたけど、それだってべつにぼくが最初に言ったわけではない」

「そっか……」

「問題は、答えにたどり着くまでになにをどう考えたかなんだ。そのプロセスこそが答えであり、哲学なんだ」

「プロセスが答え……」

「話がそれたからもとに戻そうか。他人の評価が気になってしかたない人の話ね」

「うん、そうね。てかさあ、せーちゃんね、ただの感想なんだけど言ってもいい？」

「うん、いいよ」

「『他人の評価が気になってしかたない』という言い方と『自信』という言葉って、いまの世の中ではとても強く結びついている印象があるよね。自己啓発の本を読んだことのない人でも『他人の評価が気になってしかたない＝自分に自信をもてば気にならなくなる』と考えていると思えるほど、ふたつの言葉の結びつきは強いよね。『それらは本当に結びつくものなのだろうか？　結びつくとしたらなぜなのだろうか？』という問いを『考えてもいい問い』だと言える人の存在って、だから大きいのかもね」

「うん、そうだね。ぼくの場合だと、ぼくが人間してた頃、自分にとって大切なものとはなにかを考える人がいなかったのね。哲学といえば、世界に通用する真理を言葉でどう言い表すかを探究する営為とされていたんだ。でもぼくは、父親のこととか婚約破棄のこととか、いくつかのきわめて個人的なことを通して『世界に通用する真理なんてどうでもいい。言葉ですべてを説明することもどうだっていい。自分にとっての真理を探すことこそがおれにとっての哲学だ』と思っていたのね」

「つまり、その当時、世間的には問うてはいけないことになっていた問題を問うことにしたと」

「うん、そうだ。具体的にいうと、言葉では言い表せないことも込みで問題を立てて、言葉で言い表せないことも込みで答えを導き出したんだ」

自分の身体のサイズに合った服を着る

「せーちゃんってかっこいいね！　だって、それって世間の常識に正面から戦いを挑んだってことでしょ？」

かっこいいというわたしの言葉を無視して、せーちゃんは話を続けた。シャイボーイか？

「他人の評価が気になってしかたない人は、無理に自信などもたなくていい。勇気を出してありのままの自分を認めなくてもいい。そもそも、ありのままの自分ってなんだい？　勇気ってどこにあるんだい？　勇気を出すってことは、勇気とやらがどこかにあることを前提にしているわけだよね？　『出す』という言葉は、通常、既存のものに対して使われる言葉だからね。勇気なんてもの、どこにあるのさ？　仮にどこかにあったとして、それをどうやって出すんだい？　ありのままの自分を勇気を出して認める？　わけわからん！」

「まあ、そう熱くならないで」そう言ったわたしに、せーちゃんは少し恥ずかしそうな表情を浮かべた。そして大きく深呼吸した。

「理子ね、ぼくが言いたいのは、世間に出まわっている既成の服を無理に着ようとするのではなく、自分の身体のサイズに合った服を自分でこしらえて、それを着てほしいということなんだ。そもそも世間のサイズに自分を合わせようとするから、他人の評価が気になってしかたない人になってしまっているのだから」

「たしかにそのとおりね」

「以前ぼくは、自分とは時間と空間が広がる最初の点だと言ったね？」

「うん、自分とは点だと言った」

「その点がどうして他人の評価を気にしてしまうのだろう？　という素朴な疑問から哲学を始めてもいいと思うのね」

「哲学……」

「考えることね」

「……」

「それとか、他人の評価が気にならない人は、じつは自分に自信を持っているのではなく、厚顔無恥である自分を『他人の評価が気にならない』という言い方で粉飾しているだけではないかという疑いから哲学を始めてもいいよね。そのような疑いは、もしかしたら社会学とか心理学とかに向かうのかもしれないけど、それでもいいじゃないか。それとか、他人の評価を気にしすぎる性格は、たまたま生まれ持った性格なのだから、気にしすぎる性格を直そうと思うのではなく、気にしいの性格をもっと大事に、もっと強固にしたほうがいいのではないのか？　という仮説を、考えの出発点にしてもいいと思うよ」

「問うてはいけない問いなどないのだというせーちゃんの言葉の意味がなんとなくわかったよ」わたしがそう言うと、せーちゃんはにっこり微笑んだ。そして「最後に哲学について捕捉しておこう」と言った。

「哲学って、基本つまらないのね。でも、自分の身体のサイズに合った問いを探し出せた瞬間――というか、なんとなく感じているもやっとした雲を言葉にできた瞬間、そのつまらなさが楽しさに変わるんだ。だから、他人の評価を気にしすぎる人や、自分のことを自分で好きになれない人や、自己評価が低い人は、世間に出まわっている言説に自分の身体を当てはめようとするのではなくて、どうか、まずは自分サイズの問いを立ててほしい。それができてば、問題の8割は解決したも同然さ」

「8割解決したも同然というのは、他人の評価があまり気にならなくなるとか、自分のことをまあまあ好きになれるとか、自分にそこそこ自信をもてるとか、そういうこと？」

「ざっくり言えばそういうことだね」

「あとの2割は？」

「実際に自分で考えるそのプロセスがあとの2割だよ」

「なんだ、やっぱり自分で考えないとダメなんだ」

「ハハハ！　理子に限らず、世の中には自分で考えることを嫌がる人が多いよね。でもさ、これって、人間に与えられた究極の二択みたいなものなんだよ。すなわち、考えるイヤさか、世間に与えられたサイズの合わない服を着続けるイヤさか、そのどちらかを選択するしかないんだよ。人生ってそういうもんだよ」

「ウンコ味のカレーと、カレー味のウンコのどちらを選ぶか、みたいな二択……それが人生？」

「そうさ。人生はじつはそのようにできているんだよ。そもそも、なにかを発見して喜悦するとか、なんらかに驚く自分に驚くことで生きている実感を味わうというのは、カレーとウンコを経たからこそ可能なんだ。そういうの、わかる？」

「あんまり」

「じゃあ、はっきり言っておくけど、漠然とした淋しさから逃れられない人の中でもっとも多いのは、人生にはその究極の二択がデフォルトでセットされているという端的な事実に気づいていない人なのさ」

人生の究極の二択

「わたしは気づいてるのかな？」

「理子は気づいてる。理子は自分サイズの問いを立てるか、自分に合わない服を着続けるか、その選択を意識的にする岐路に立っている。でも多くの人はそこには立っていない」

「気づいていない人って、どうして気づいていないの？」

「縦に深く掘るのではなく、横に広げるだけで、暇つぶしができたり気を紛らわせることができたりするように人生ができているからだよ。横に広げるというのは、たとえば、必要以上にお金儲けにいそしんでみたり、不倫セックスしてみたり、ことさら高価なものを食べてセレブぶってみたりすることさ。高級店で一流料理人に顔と名前を憶えてもらうことで、あたかも自分が精神的にもセレブになったと勘違いする人って多いじゃない？」

「多いの？」

「多いさ。まあ、そんなことをしながらでも人生の暇はつぶれるし、暇がつぶれたら自分がじつは絶望しているという事実を直視しなくて済むしさ」

「たしかにそうね」

「だろ？　で、カレーとウンコの話ね」

「う〜ん……カレー……ウンコ……まあいいや、あとから考えるわ。せーちゃんさ、それより、わたしの恋愛相談に乗ってよ。ついでに人生相談にも」

「え？　ぼく、もう寝たいんだけどな」

「まあいいじゃん。せーちゃん、明日、なにか予定でもあるの？」

「いや、とくに……」

「なら、よろしくぅ！」

「……まあ、いっか……ぼくは理子のめんどうをみるという使命を神様に負わされて理子と今こうして一緒にいるのだから、理子の申しつけにはなんだって応えるよ」

「ではなおさらよろしくぅ！」

「でも、理子、悪いけど、恋愛&人生相談は、あさってにしてくれないかなあ。ぼくたくさん話して疲れちゃったから、たっぷり休息をとりたいんだ」

「オーケー！　あさってね！　約束だよ」

「うん、約束ね」

*

翌朝目覚めたとき、わたしはふと、いまの会社を辞めようと思った。なぜなら、せーちゃんの話を聞きながら、わたしは弱い立場の人に手を差し伸べる人になってもいいんだと気づいたからだった。そう気づいた理由は、昨夜せーちゃんの話を聞きながら、小学生のときに担任の岡先生に言われた言葉を、ふと思い出したからかもしれない。

「あなたは自分と同じような人とばかり仲良くするのではなく、勉強ができない人やいじめられている人のめんどうをみなさい」岡先生がわたしにそう言ったことを、わたしはなぜかふと思い出したのだった。これまでの人生においても、先生のその言葉を思い出したことは何度かあった。でもそれは、そういえば岡先生がそう言っていたなというような、ただの回顧にすぎないものだった。

いまは、わたしより立場の弱い人たちに手を差し伸べることがわたしの使命だと思える。せーちゃんが最初に言っていた「神様から与えられた使命」だと感じる。なぜそう思えるのかは、自分でもよくわからない。でもなぜかそう思えるのだ。考えてはいけないことや、思ってはいけないことなど、なにもない――せーちゃんが言ったこの言葉が、そう思わせてくれたのかもしれない。

これまでのわたしは、他人におしゃれ女子と思われたいだけの見栄っ張りだった。おしゃれな街に住みたいと思う、ただの浮かれた女子だった。高価すぎてわたしには買えない洋服やカバンを持っている女子を見るたびにイラっとしたりため息をついたりする、ほんの子どもだった。それはおそらく、わたしが目に見えるものと自分の過去だけに固執していたからだろう。また、安定した収入を得ることこそが、人生においてなにより大切だと思っていたからだろう。

いまはちがう。安定した収入を得るべきだとは思わない。見栄えのする社名を求めて転職しようとは思わない。

見映えのしない生活をしてもいいいんだ。他人に羨ましがられるインスタ映えする暮らしなど目指さなくてもいいいんだ。こころの奥から湧いてくる「こういうふうに生きてみたい」という気持ちを隠さなくてもいいいんだ。

そうだ、いつか会社の人が通っていると言っていた通信制の大学に編入して、せーちゃんがやっていた哲学を勉強しながら教職免許をとろう。そして倫理の先生になって、せーちゃんがわたしに教えてくれたことを生徒に教えよう。無性に淋しそうな生徒や、自分に自信をもてない生徒たちを、希望へと導くことのできる教員になろう。

派遣会社に提出する退職願と、片思いの百瀬さんへの手紙を書きながら、わたしはそんなこと考えていた。

ふと目を上げると、今日が梅雨明けだとテレビのワイドショーが告げていた。

第3章

せーちゃんの恋愛&人生相談

二日後、せーちゃんは約束どおり、わたしの恋愛&人生相談に乗ってくれた。それは金曜の夜にはじまり、土曜の昼前まで、つまり、なんとほぼ12時間にも及んだ。それはわたしがたくさん質問したからでもあるし、せーちゃんがとても親身に応えてくれたからでもある。

せーちゃんが話してくれたことのすべては覚えていないけれど、ポイントとなることは覚えてる（つもり）！　なので、そのポイントを中心に、思い出せる限りのことを、せーちゃんのトーク風にご紹介します。

好きな人に愛される方法とは？

これはふたつの方法があるよね。

ひとつは元気のいい女子でいることだよ。

え？　意味がわからないって？

あのね、男って、女子とくらべたとき、過去に生きていると言えるんだ。過去というのは、ぼくが何回も言ったとおり、言葉の世界だ。言い換えると、男は、女子にくらべて言葉の世界に生きているんだ。さらに別の言い方をすれば、男は「感じる」が苦手なんだ。女子ほど感覚を使わずに生きているんだ。そのような男は、次のように思っているんだ。

——自分で自分のことを「ふつう」としか思っていなくても、男から見ると、「今」をおおいに楽しんでいるのが女子で、男は「今」を女子ほど楽しめない。なぜなら「今」を楽しもうと思っても（もっと感覚を使って生きたいと願っても）なぜか過去（言葉の世界）に埋没してしまうからだ……困ったなあ、女子がキラキラと輝いて見えるなあ。まぶしいなあ、ステキだなあ、かわいいなあ、好きだなあ……。

すなわち**男は、「今」を「今」としておおいに楽しんでいる女子、言い換えると元気のいい女子に自然と気持ちが向くし、そのような女子をなぜか好きになってしまう生き物な**んだ。男は元気に生きたいと願ってもなぜかそう生きられないという限界を自分で知っているから、元気のいい女子をふと愛してしまうんだ。

ふたつめは、好きな人との「関係」をつくっていける女子のことを、男は愛するということだ。

好きな人に愛されたいと思えば、女子はたとえば「自分磨き」に走るでしょう？　自分磨きって、なにを磨くことなのかぼくにはよくわからないけど、たとえば、かわいく見られるようにメイクを工夫したり、洋服に気づかったり、マナーよくふるまえるようにマナー教室に通ったり、みたいなことでしょ？　そういうことを自分磨きと呼ぶ女子がいるらしいじゃない？

そんなふうに「自分のこと」に固執する女子に、男はあまり興味がないのね。「この子、がんばってメイクしてきたな」とか、「この子、いつもかわいい洋服を着てるな」とか、それくらいのことしか思わないんだよ。

「自分のこと」ではなく、好きな人と自分との関係に気づかいできる女子や、その関係を良好なものにしようと努力する女子のことを、男は好きになるのね。愛したいと思うのね。それは、恋愛とはどこまでいっても関係の問題だということを、じつは男はわかっているからであり、同時に、男は関係を構築するのが下手だからなんだ。

関係というのは絶えず変化するでしょ? その動的なものを動的なものとして捉え、日々メンテナンスするのは、男より女子のほうがうまいのね。なぜなら先に言ったように、女子のほうが「今」という動的なものを感覚で動的に捉えるのがうまいから。おそらくはそういうふうに生まれついているから。

だから、関係を構築するのが苦手な男に代わって女子が、彼との関係を築く努力をすれば、おのずと愛されるようになるんだ。

たとえばどんな努力?

「おはよう」と声をかけるだけでもいいんじゃないかな。彼がなんらか困っているのであれば、助けてあげるというのでもいいんじゃないかな。

自分のことを好きになる方法とは？

これは、2章の**「自己肯定感はどうすれば高くなる？」**のところで話したとおりさ。ほかのところでも、たとえば「別の人間」という言葉を使って、何回も話したね。

ん？　もっと簡単な方法が知りたいって？　簡単な方法ねえ……あのさ、女子ってどうして簡単な方法とか、努力なしで誰にでもできる方法を知りたがるの？　まあ、べつにいいけど。

自分のことを好きになる方法で比較的簡単なのは、新しいことを始めることだよ。

自分のことを好きになれない理由は、何度も言ったように、こころが過去に縛られているからだ。「あのとき」片思いの人に声をかけられなかった自分が嫌いとか、「あのとき」受験に失敗した自分のことを認めたくないとか、「あのとき」にこころが繋がれているから自分嫌いになっているんだ。ということは、済んだことにこだわっているそのこころを解きほぐしてあげる、すなわち、こころが本来持っている動きを取り戻してあげると、自分のことを好きになれる可能性が芽生えるといえるよね？　そのためのもっとも手っ取り早い方法とは、新しいことを始めることなんだ。新しいことを始めたら、過去の自分なんて気にしている暇がないからね。

たとえば、会社勤めの女子で、仕事終わりにキャバクラでバイトしはじめた人がいるんだ。彼女はひとり暮らしで、昼間の仕事のお給料だけでは生活できないから始めたんだけど、それまで自分に自信がもてないとか、自分のことを好きになれないとかと言っていたのが嘘のように、1年くらいで自分に自信をもつようになり、見違えるほど美しくなった。もともと遊ぶのが好きな子だったから、キャバクラで男性客と「遊ぶ」ことをとおして、自分が本来持っているよさが開花したんだろうね。

自分のことを好きになるというのは「なぜかはわからないけれど、わたしがわたしでよかった」と思える気持ちになるということなのね。だからといって、「わたしよ、わたしを好きになれ！」と念じても無理じゃない？　そういうときは、**いまの自分に新しい経験を付加してあげる、具体的には、なんらか自分以外の存在のために身体を動かすといいんだよ。そしたら、おのずと自分が変化して、その結果、自分のことを好きになれるんだ。**

それでも自分のことを好きになれなかったら？　別の新しいことをやってみるといいよ。たとえば、なにかに応募するというのもいいかもしれないね。応募して落選して、また応募して落選して……ということを繰り返すうちに、人はしだいに自分を知って、自分を好きになるから。

ぼくは思うんだけど、ほとんどの女子って、自分から応募しないじゃない？　応募したいと思っていても「落選したら傷つく」とかって平気で言うじゃない？　若い女子のそういう傾向も、自分のことを好きになれない要因だとぼくは思うけどなあ。

傷つくのがイヤ？　まあ、たしかにそうだろうね。傷つくのが好きな人はいないだろうからね。

でもさ、なぜかわからないけど自分のこころが傷つく状況に投げ入れられてしまったという経験を通してしか学べないことが人生にはあるのね。そのような経験こそが、自分のことを好きになる方向へと導いてくれるんだよ。そういうのわかる？　自分の意思で努力して自分のことを好きになるのではなく、なにかが自分を好きになる方向へと導いてくれるというの。

そっか、理子にはまだわからないか……。

なにはともあれ、新しいことをすれば、自分のことを好きになれます。

そもそも男の人の気持ちって、どう知ればいいの？

これは、男の人と遊ぶしかないというのが答えだよ。

遊びという言葉って、いまの世の中ではあまりいいふうに使われないよね？　遊び人といえばチャラいヤツのことを指すしさ、「遊んでばかりいないで勉強しなさい」とかと言われるしさ。

でも遊びって本来、人を知るための行為なんだよね。チャラさがどうとか、遊ぶ前に勉強しろとか、そんなことはまったく独立に、人を見て、人を知るのが遊ぶという行為の本質なんだ。だから**女子として男の人の気持ちを知りたければ、端的に男の人と遊ぶといい**んだ。男子だってそうだよ。女子の気持ちがさっぱりわからないという男子が多いけど、それはそいつが女子と遊んでいないからなんだ。異性と遊ぶことをふしだらな行為とする向きも世間にはあるけれど、そういうのは勝手に言わせておくといいよ。

ところでさ、この論法でいくと、たとえばキャバ嬢とか銀座のクラブのおねえさんは男心を熟知しているかのように思えるじゃない？　夜ごと男の人と戯れているから。

でも、そういう女性であっても、じつは男心がわからないと嘆いていたりするんだよね。たとえば、クラブのママが男に惚れこんで貢いで、あげく騙されたら、男心がわからないと嘆いたりするんだよ。

え？　ということは、男の人と遊んでも男心がわかるようにならないんじゃないかって？

まあ、たしかにそう言えるかもしれないね。でもさ、そのママは、その時点では男心がわからないと嘆いても、騙された経験をもとにやがて男心のなんたるかがわかるようになるかもしれないじゃない？　そうでしょ？　生身の人間を相手にした経験は、かならずその人の人間理解へと還元されるからね。

生身の男と接すること。これが男心を知る、最大にして唯一の方法だよ。

マッチングアプリを使うことにうしろめたさを感じるのですが……

これって、なにが問題なの？　うしろめたさを感じること？　じゃあ、うしろめたさを感じなくなるまでマッチングアプリを使い続けるといいんじゃないかな。

うしろめたさを感じるというのは、以前からぼくが言っているように、自他に対して隠しごとをしているからでしょう？　たとえば、誰かと性行為をすることで気持ちよさを味わいたいという気持ちを、他人に対してのみならず自分に対しても隠そうとする気持ちがあるから、うしろめたさを感じるわけでしょ？

だとしたら、隠そうとするその気持ちを日の当たる場所に引きずり出すと、うしろめたさを感じずに済むと言えるよね？　すなわち、**わたしはエロの快感を味わいたいと思っているマッチングアプリを使っているエロい女子なんだというのを、自分で認めてあげるといい**ということさ。

ところでさ、マッチングアプリを使ってトラブルに巻き込まれる人というのは、自分の気持ちの中にあるエロさやエグさを自分で隠している人なのね。「わたしはスケベなんです。マッチングアプリを使ってでもとにかく気持ちよさを感じたいと思っているスケベ女子なんです」というのを隠すからトラブルに巻き込まれるんだ。なぜなら、隠すと漠然とした淋しさが生まれるからだよ。そして、その、なんとなく淋しい気持ちは、相手にもれなく伝わるからだよ。その必然の結果として、**自分の気持ちに嘘をついている冴えない男とか、ヤバそうな男としか出会えない**。しかも、日の当たらない暗がりでしか出会えない。だから、なんらかのトラブルに巻き込まれる可能性がうんと高くなるの。

――わたしはスケベなんです。とにかく気持ちいいことをしたいんです。淋しいからとりあえず男の人に抱いてもらいたいんです――こういう気持ちを相手に正直に伝えることができれば、おかしな男は去ってゆく。それどころか、明るくさわやかにエロい遊びをする男が寄ってきて、それなりに楽しい遊びができる。そうなってはじめて、マッチングアプリを使っている自分にうしろめたさを感じなくなる。

ところで、マッチングアプリを使って結婚し、その事実を公然と言う人がいるよね。そういう人は、そもそもスケベ心を持ってマッチングアプリを使っていないんだ。「マッチングアプリ＝真剣交際のためのパートナー探しのツール」と最初から認識しているんだ。だから公然と言えるんだ。

つまりさ、マッチングアプリがよくないいんじゃないいんだ。それをどう使うかという使う側の気持ちの問題なんだ。

気になる男性にどうアプローチすればいい？

会社の先輩に対する理子の片思いについて、ぼくはこれまでいくつかのことを話してきたけど、本当は、職場に気になる男性がいても、なにもしないのが一番いいんだ。

なにもしなかったら誰かほかの女子にその先輩を盗られちゃう？

その心配はしなくていいよ。同じ会社にいたら、なんらかの偶然が起こることがあるじゃない？　たとえば、偶然、朝同じ電車に乗りあわせて、会社まで一緒だったとか。あるいは、プロジェクトの打ち上げの席が偶然隣になったとか。そういう偶然を味方につけることができれば、交際できる可能性が高まるという「だけ」のことだよ。

反対に、好きな人のことを仕事中にチラ見してばかりで仕事がおろそかになるとか、好きな人と会社でふたりきりになる時間を増やそうと思って、なんらか恣意的なことをしたなら、たとえ交際できてもきっとうまくいかないよ。

どうしてかって？

男って場をわきまえない女子を好意的に見ないからさ。もちろん、仕事中にチラ見された彼はイヤな気はしないと思うよ。この子はおれに気があるんだなと、うれしく思うと思うよ。でもそれは「それだけのこと」なんだ。そのうれしさが交際に発展することはほとんどない。たとえ交際に発展したとしても、半年くらい遊ばれて終わりだよ。なぜなら、さっき言ったように、**男は場をわきまえない女子のことがあまり好きじゃないから。**さらに言えば、**真剣に交際する相手は、できれば仕事のできる女性であってほしいと男は思っているから**だよ。男ってじつはそういうことを思っている生き物なんだ。知らなかった？

男ってさ、世間では下半身がサルみたいな言われ方をしているけど、それは半分は当たっていても、半分はまちがいなんだ。男は女子が思っている以上に自分の人生を真剣に考えているし、慎重に生きているんだ。

というわけで、職場に好きな人がいる場合、これまでよりも真剣に仕事に励むといい。そしたら、そういうあなたのことを彼が素敵だなあと思うから。

やりがいのある仕事に出合うにはどうすればいい？

いろんな仕事があるという端的な事実を知ること。実際に身体を動かして仕事をすること。この二点に尽きるよ。

たいていの人は、大学生のときの就活をとおして、あるいは求人誌や求人サイトから、世の中にはおよそこういう仕事があるという事実を知るでしょう？　でも、それしか仕事の種類がないわけではないということをまず知ることだ。

世の中にはじつにたくさんの種類の仕事がある。そのうちのごく一部が、大学の就職課で紹介されていたり、求人サイトに載っていたりするんだ。だからまずは、**世の中には無数に仕事の種類があるという端的な事実を知ること**だ。

どうやって知るのかって？

たとえば近所のスナックに行くといいよ。そこにはたいてい、おじちゃんやおばちゃんがいる。そういう人たちとなにげない会話をするだけで、知らなかった仕事を知ることができる。ようするに、人生の先輩の話を聞くこと！

次に、実際に身体を動かして仕事をするということについて。

ぼくは何回転職してもいいから、自分にはこの仕事しかないという仕事に就けば「勝ち」だと思っている。それは、実際に身体を動かすことでしか手に入らない種類のものなんだ。なぜなら人は、変化を感じることによってのみ、やりがいのある仕事に出合えるからなんだ。

実際に身体を動かすというのは、端的に「今」自分が変化しているということを発見することを意味するんだ。他方、やりがいのある仕事はどこにあるんだろうと夢想するというのは、言葉の世界に埋没しているということだ。夢想ってなんらかのイメージを頭の中に思い描くことだけど、でも実際には言葉を使って夢想するでしょ？　ということは、**夢想とは、「今」や「わたし」がじつは刻々と変化していることに気づくことなく、ぼんやりしている状態のこと**だといえるね。ぼんやりしていたのでは、なにとも出合えないだろ？　だから、実際に身体を動かす必要があるんだ。

これだけ転職が一般的になっても、ある種の人は仕事の種類が無数にあることを知ろうとしないばかりか、複数の仕事を経験することをよしとしない。ただやりがいのある仕事ってどこにあるのだろうと夢想しているだけだ。

どこかに行って誰かに話を聞いたり、実際に身体を動かして働いたりしてごらん。そうするうちにやがて、不思議な感覚を抱くようになるはずだよ。すなわち、仕事とはけっきょくは人なんだという端的な事実が見えてくるはずだよ。

ん？　どういうことかって？　**やりがいのある仕事とは、やりがいを与えてくれる「人」によって生まれる**という端的な事実を発見するにいたるということさ。

やりがいのある仕事を探すというのは、だから、一緒に「生きる」人を探すということなんだ。

親とうまくいっていないのですが、どうすればいい？

たとえば、友だちみたいに仲のいい母娘がいるけど、それは亜種というか、うまくいっている／いっていないとはまた別なんだろうと思うよ。そうではなくて、自分とはちがう価値観を持って、自分とはちがう人生を送ってきた人が、なぜか自分ときわめて濃い血でつながっていて、自分同様必死に生きていると思えるというのが、親子が「うまくいっている」状態なんだと思う。では、どうすればそのような状態になれるのか?

行動を起こして——たとえばなんらかの仕事に就いて働くことをとおして、自分自身を変化させる必要がある。なぜなら、**親との関係がうまくいっていないというのは、親のことも自分のことも固定的に見ているからなんだ。親も自分自身もじつは絶えず変化しているにもかかわらず「あのころの親」に固執しているからなんだ。**

過去と同じく、いまでもわたしの親はわたしにガミガミ言ってくるから親に対して複雑な思いを抱いてしまうって?

う〜ん……そうだね、そういう意見もあるだろうね。あのね、ぼくは理子と話をした最初から、今という時がもつ動きに気持ちを寄り添わせると漠然とした淋しさから救われると言っているね。それはぼくの本心なんだけど、でも他方、ぼくはこうも思っているんだ。すなわち、今という時は今という時だけで成立しているのではなく、過去も現在も未来もすべてがごちゃごちゃに入り乱れて成立しているんじゃないのかと。

あのさ、ダリという画家がいるでしょ? サルバドール・ダリ。彼がさ、時計が溶けてだらんとしている絵を描いてるの知らない? 『1931年 記憶の固執（柔らかい時計）』・・・という絵。あの絵ってさ、現在を指し示す時計が溶けていることから、『じつはわたしたちは、ここまでが過去で、ここだけが今で、ここから先が未来です、という感じで、いわば竹を割ったようにパキパキと割り切って時間を捉えていないのではないか？』とダリが言っているると解釈できるとぼくは思うの。そう考えると、過去の親も現在の親も、未来の親も、すべての親をごちゃごちゃに捉えて、やっぱり親のことがいまいち好きになれないと考えるのは、もしかしたら「ふつう」のことなんじゃないのかと思うのね。

でもね、それでも大切なことは、ふつうの人がふつうに捉えているその状況も、じつは変化し続けているということだよ。

だからぼくはこう思うんだ。親も自分も変化し続けている――この端的な事実を知って、変化していることとそれじたいに驚くことが、親とうまくやるコツなんだと。そのためには、「どうしてわたしの親はこの親なんだろう」などと、選べないものの選べなさについて悩むのではなく、必死になって働き、自分で自分を変えてあげる、成長させてあげる、すなわち、「今」や「わたし」が本来持っている動性にすなおに生きる――これが大切なんだ。

え？　そのためにはどうすればいいかって？　話がループするみたいに聞こえるかもしれないけど、**今という時は絶えず動いているということを意識するしかない**だろうね。意識するというのは気に掛けるということだよ。ふつうに生活してたら過去も現在も未来もすべてをいっしょくたにして捉えてしまいがちかもしれないけど、でもその中にあっても、今の「今性」を気にかけてあげることだ。

そのようなことを、たとえばハイデガーという哲学者は死を中心に考えたんだ——人は誰でもいずれ死ぬのだから、その死を意識してごらん、そしたら自分の意識やふるまいがおのずと変わるよ、というようなことをハイデガーは言ったのね。

ふだん、わたしたちは自分の死をそこまで切実に捉えて暮らしていないでしょう？　ただ漠然と自分もいずれ死ぬんだろうなあと思うだけとか、そもそも死のことなど考えずに暮らしているとかじゃない？　でも重要なのは「死」なんだとハイデガーは言うのね。人生の有限さにひとり静かに思いを寄せたとき、その人のふるまいはなぜか確実に変わるとハイデガーは言うの。

2回目のデートで恋人関係になるには？

2回目のデートで恋人関係になりたいと思うということは、彼のことが好きだということであり、いま現在好きという気持ちを彼に伝えるのをためらってしまっているということでしょう？

問題はためらってしまっている、すなわち、好きという気持ちを隠してしまっているところにある。自分の気持ちを隠すところから漠然とした淋しさが生まれるから。言い方を換えると、自分の気持ちを隠すところから、過去の自分に気持ちを繋がれてしまってどこにも行けない「行けなさ」が生まれるから。ということは、好きだから付き合ってほしいという気持ちを包み隠さず彼に伝えればそれでＯＫといえるよね？

それができないから困ってるって？

う〜ん……できない、か……。あのさ、こういうのって、できるかできないかではなくて、やるかやらないかの二択でしかないんだよ。わかる？　付き合ってくださいと言うか言わないかという、すごくシンプルな話なんだ。

だからそれができないって？

あのさ、それができない女子がわかっていないことがあって、それはなにかというと、**じつは男は女子から告白されるのを待っている**という端的な事実さ。

女子は、彼から告白されて、彼がわたしのことを幸せへと導いてくれて、というような「男主導型の恋愛」を「いいもの」とか「理想の恋愛」とかと考えているでしょ？　彼が男らしくわたしの手を引っ張ってくれることによって、わたしは愛の世界に行く、それこそが理想、と思ってるでしょう？

でも男は、恋愛における選択権や主導権は女子が持っていると思っているんだよ。思っているというか、そういう事実をすでに知っているんだよ。おれは彼女に「選ばれる」存在だと思っているんだ。わかる？　好きだから付き合ってほしいと「言う権利」は、じつは女子が持っていると男は考えているんだ。

それでも彼に付き合ってほしいと言うのが恥ずかしい？　怖い？

あのね、それは自分のことだけを考えているからだよ。告白して彼にノーと言われたら自分のこころが傷つくと思っているから言えないの。そうじゃなくてさ、告白するというのは、彼との「関係」を特別かつ良好なものにするということでしょ？　ということは、「自分のこと」ではなく、**彼との「関係」についてもっとも多くの時間を割いて考えないと。**もしも告白して振られてしまったら自分のこころが傷つく、ではなくて、告白するという行為をとおして、どうすれば彼との関係がいま以上によいものになるのかについて考えないと！

というわけで、2回目のデートで彼と恋人関係になりたいのなら、自分のことではなく、彼との関係をよりよいものにするためにはどうすればいいのかということに気持ちを集中させること！　そして、女子から告白すること！

本命の彼女と思ってくれているかどうかを見抜く方法とは？

本命ってさ、ようするに一番好きということでしょ？　ということは、彼があなたのことを本命と思っているというのは、彼があなたのことを一番に思っている、一番愛しているということでしょ？

あのね、いいかい？　**愛するというのは、その人のために自分の時間を明け渡すこと**なんだ。

たとえばさ、愛するものには手間をかけるとか、好きなものに対しては時間と労力を惜しまないとかという言い方は、誰でも蓋然性のある言い方だと思うでしょ？　時間と労力を惜しまないというのは、すなわち、愛するものに自分の時間を明け渡すということじゃない？

彼があなたのことを本命の彼女と思ってくれているかどうかを見抜きたいのなら、**彼があなたのために時間を明け渡そうとしているかどうか、明け渡しているかどうか、を見ればいい**のさ。もちろん、残業続きの忙しい彼もいれば、親の介護でデートの時間がとれない彼だっていると思うよ。でもそういう彼であっても、「ごめん、来週末は親の介護でどうしても家を出られないんだ」などと言って時間を明け渡せない理由を正直に伝えることはできるよね？

え？　他にもっと見抜く方法はないかって？

ないよ。あのね、彼に本命と思われているかどうかを無性に知りたがる女子は、彼氏の時間を明け渡してもらいたいと思っている、ようするに「もらうこと」に意識が向きすぎているから、そういう質問をするんだよ。

わたしは自分の時間を本当にこの彼に明け渡したいと思っているのだろうか？　と自問

自答してごらん。その問いに留保なくイエスと答えられたなら、彼に本命と思われているだろうかという疑問や不安は出てこないよ。「もらい癖」がついているから――さらに言えば、相手からなにかをもらうことで自分の存在の不安を消したいと思うから、みすみす悩み深い人生を歩んでしまうんだ。もったいないよね。

そういう人はさ、「もらう側」ではなく「与える側」になりなよ。恋愛に限らず、**人生におけるあらゆる幸せとは、「もらう側」ではなく「与える側」になりさえすれば、いくらでも手に入る**から。

彼は浮気する男性？　しない男性？　どう見抜く？

浮気する男性の見抜き方を知りたいって？　あのね、浮気に男も女もないんだ。性差に関係なく浮気は浮気だ。それから、浮気とは性欲に負けた結果の行為ではないということだ。

え？　その相手としたいから浮気するんじゃないのかって？　表層的にはそう言えるだろうし、世間の多くの人はきっとそう思っているだろう。浮気したヤツは性欲に負けた下半身がゆるいヤツ、倫理観が発達していないヤツ、みたいなことを、きっと世間の人たちは思うんでしょ？　同時に、浮気した人のことをうらやましく思うんでしょ？　あんなに素敵な相手と浮気エッチしたこいつは許すわけにいかないという世論の背景には、わたしも機会に恵まれたら素敵な人とエッチしたいと思っているのに、そういう機会に恵まれないという悔しさがある。あるいは、もしそのような機会に恵まれても、浮気エッチをしたいという気持ちをわたしはきっと我慢する、でもあいつは好き放題ヤリやがった、みたいな嫉妬心がある。

とはいうものの、したいと思ったから浮気したというのは、あくまでも表層的な見方にすぎない。そういうのは、自称恋愛ライターが書くお手軽な恋愛コラムに書いてあるから、読みたければそういうのを読むといいさ。

さて、**浮気の本質とはなにか？　別の人間に生まれ変わりたいという気持ちだ。**その気持ちが、人をして浮気せしめるんだ。

別の人間に生まれ変わりたいという気持ちって、何回も言ったからもうわかるよね？　たとえば、いまのパートナーとの関係に大きな不満はないけれど、だれかいまのパートナーとはちがう人に、いまとはちがうふうに受け入れられたいと欲する気持ちのことさ。あるいは、たとえば堅実で穏やかな性格の男性と結婚した女性の中には、夫との性生活に物足りなさを感じている人がいる。そういう人の中には、やんちゃな男性と浮気することで物足りなさを解消させる人もいる。そういう女性は、なにも下半身のゆるいエロ大好き人間というわけではないんだ。自分が理想とする自己像、具体的には生活が経済的に安定していて、温厚な性格の夫と暮らしを共にし、なおかつ、性生活も満ち足りたものであるという自分が理想とする生き様、言い換えると、いまの自分とはちがう別の自分を、目指しているんだ。

ん？　別の人間になりたいと思う気持ちと浮気という行為は、どうして結びつくのかって？

驚きがその人の世界の扉を開くからさ。別の人間になりたいと思っている人って、閉塞感を感じながら暮らしているのね。多かれ少なかれ自分の現状に満足していないわけだから、どうしても閉塞感を感じるじゃない？

でね、話のポイントは、その閉塞感を打ち破る最大の契機は「驚き」だと、じつは誰もが知っているということなんだ。

以前ぼくが、自分とは世界がはじまる最初の点をもつ存在だと言ったのを覚えてる？

その点は、端的に驚くことによってのみ自分の世界を広げると、なぜか知っているんだ。知っていると意識していなくても、身体は知っているんだ。

浮気って驚きでしょう？「え？　この人がわたしのことを好きになってくれたの？　わたしのことをほとんど無条件で受け入れてくれたの？　マジ？」という驚きが浮気という行為には含まれているでしょう？　浮気相手とのエッチだって、端的に驚きの連続でしょう？

それらのことから、**浮気とは手っ取り早く別の自分になれる行為**といえるんだ。だから、別の人間になりたいと思っている人は、男女問わず浮気する可能性を持っていると言えるんだ。

その人が別の人間になりたいと思っているかどうかをどう見抜くかって？

そんなの簡単だよ。別の人間になりたいと思っている人とは、今この瞬間を楽しんでいない人でしょ？　今この瞬間をおおいに楽しむといいのに、「○○のためにこうすべき」などと**「べき論」に生きている人は全員浮気する可能性を持っている**。なんとなく毎日がパッとしないと思っている人だって、全員浮気する可能性を持っている。自分のことを好きになれないとか、親とうまくいっていないとか、自分の過去を消し去りたいなどと思っている人も、全員浮気する可能性を持っている。

ところで、浮気に関してぼくが本当に問題だと思うのは、別の人間になりたいという気持ちに自分で蓋をして「わたしは毎日楽しい」と思い込んでいる人、つまり、じつは自分は自分に絶望しているということに気づいていない人、あるいは気づこうとしない人さ。そういう人の浮気は救いようがないからね。反対に、自分が自分に絶望していることに自覚的である人は、浮気しても救いようがあるものさ。

浮気や不倫に対して口やかましい世の中だけど、他人のセックスをうらやんでも自分が性的に気持ちよくなれるはずがないのだから、自分は自分に絶望していないか、自問自答するといいよ。自分のこころと対話し続けることだけが、他人の浮気を倫理だけで断罪するという愚かな行為を回避できる方法だから。

ということで、余談も含めいくつかの話をしたけど、浮気についてはこれでいいかい？

彼氏にもっと好かれる方法とは？

最初の**「好きな人に愛される方法とは？」**で述べた答えとは別の答えを述べようか。たとえば、好きとはなにか？　について考えるところから始めてみようか。

あのさ、人ってふつう、相手の顔と性格の両方を見てその人のことを好きになるでしょう？　顔だけを見てその人のことを好きになることもあるけど、その場合はその人の性格を自分なりにいいふうに推測しているはずなんだ。たとえばある女子が、テレビに映るあるイケメンの顔を好きになった場合、きっとこの人はわたしにやさしいはずとか、この人は少年のような純真なこころを持っていそうでかわいいとか、そんなふうに相手の性格をポジティブに推測して、その結果、イケている顔と、推測にもとづくその人の性格の両方を好きになるというふうにね。

その人の性格をよく知らなくて、かつ、顔はあまり好きじゃないというケースはどうかって？　その人の性格を知ったとたん、あまり好きではなかった彼のルックスもなぜか好きになって、その結果、性格と顔の両方を好きになるということも、きっとあるよね。

先に顔を好きになるのか、性格が先なのか、両方を同時に好きになるのか、いろんなパターンがあると思うけど、ここではそれは問わないことにする。とにかく人は、相手の顔と性格の両方を好きになることを、好きと表現するということにしよう。

さて、ところで、その好きってなんだろう？　理子にはわからないかい？

好きとは、なぜか美しいと思う気持ちのことだとぼくは思うんだ。みんなにとって美しいということではないよ。自分にとってはなぜか美しいと思えてしまう、ということね。

たとえば、理子が会社の先輩のことが好きという場合、理子はその先輩の顔と性格の両方をなぜか美しいと思ってしまったということさ。「いや、彼はそこまでイケメンではない」という指摘は、この場合当たらないんだ。イケメンか非イケメンではなくて、理子にとってその先輩のルックスはなぜか美しく感じられたということだ。世の中には、あるいは理子の会社には、彼以外にも大勢のイケている顔をした男がいるにもかかわらず、理子はなぜかその先輩のルックスを美しいと思ってしまったんだ。また、その先輩の性格をなぜか美しいと感じてしまったんだ。だから理子はその先輩のことを好きになったんだ。

美しくないという気持ちを考えると、ぼくが言っていることがもっとよく理解できるかもしれないね。たとえば、好きな人に浮気されたとたん、その人のことを嫌いになることがあるでしょ？　それはなにも好きな人が自分以外の誰かとセックスしたことに対する嫉妬ゆえに嫌いになったというだけではないんだ。浮気をするような汚れたこころが美しくないと感じたから嫌いになったということなんだ。反対に、相手の浮気を許す人というのは、浮気した相手のこころを、１００％美しくないと断定できなかった人ということさ。

さて、この論でいけば、好きな彼にもっと好かれたいと思えば、さらに美しいと彼に思われるといいと言えるね？　そうでしょ？　「好き＝なぜか美しいと思う気持ち」なんだから。

では、彼は彼女のなにを美しいと感じるのだろうか？　理子、この答えわかる？　わからないか……。

あのね、**男の人って、彼女のことを女神みたいに思っているの**ね。女神というのは、過去や未来のことをなぜかつい悩んでしまう、このおれの心身のすべてを受け入れてくれる稀有な存在という意味ね。別の言い方をすれば、今、愛ある場所を指し示してくれる存在。それが彼にとっての彼女なんだ。男は彼女のことを、そんなふうに捉えているのね。

うん、理子の言いたいことはわかるよ。女子は自分で自分のことを女神だなんて認識していないって言いたいんだろ？　でもね、女子のそのような自己認識とはまったく独立に、彼は彼女のことを女神だと思っているんだ。ルックスも性格も、最高に美しい存在、イコール、おれの彼女。

ということは、**女子は自分のなにをさらに美しくすれば彼にもっと好かれるのかといえ**

ば、今、愛ある場所を指し示す力だよ。

え？　さらに美しくなるために美容に力を注ぐ？　ちがうと思うけどね。

美容って「自分のこと」でしょう？　対して、今、愛ある場所を彼に対して指し示す力とは、彼との「関係」のことであり「彼のこと」でしょう？　美しい顔やスタイルでありたいと願うという「自分のこと」に気持ちが向かう存在は、彼にとって女神ではないのね。過去のことや将来のことをつい思いわずらってしまう彼に、今が今であることを教えるのが女神なんだ。

だからたとえば、自分の美容にこだわる彼女はもとより、彼の過去の失敗をいつまでもネチネチとなじる彼女というのは、彼にとって美しくない彼女なわけ。今、将来のことを悲観的に見る彼女も美しくないわけ。今、彼と一緒に食事をしながら「これ美味しいね」と言える存在が女神なわけ。今、「明日のことは心配しなくていいよ」と言える存在が女神なわけ。今、天然ちゃんのようにボケたことを言って、てへぺろする、つまり、**今、過去や将来の心配事から彼を遠ざけてあげられる存在が、彼にとって女神**なわけ。

彼にもっと好かれたいと思うのなら、彼に対して愛ある場所を指し示す力を伸ばすといいというのは、たとえばそういうことだよ。

男性にとって恋愛と結婚は別？

恋愛と結婚は別ってどういうこと？

ああ、いろんな男性と恋愛して、29歳になったら経済的に安定していて温厚そうな男をつかまえて結婚するみたいな——たとえばそういう女子のことを恋愛と結婚は別と考えている人と理子は言ってるってことか。

その意味では、男は恋愛と結婚は同じだと考えているといえるね。恋愛の延長線上に結婚があると男は考えているといえるね。

女子にとってはまったく思いもよらないことだと思うけど、じつは**男にとって恋愛とは、人格を形成するための営為**なんだ。一見チャラそうに見える男だって、じつはこころの奥底ではそう思っているんだ。気恥ずかしくて「人格を高める」とか「自己鍛錬する」などとは決して言わないけど、でもじつは、男ってそう思っているんだ。女性のように「今」という時に気持ちを寄り添わせ、穏やかに生きられる人格へと自分を磨き高める営為が、男にとっての恋愛なんだ。意外に思うだろ？　でもじつはそうなんだ。

そのような営為をとおして自分の生き様に自信をもてるようになったとき、男は結婚を決意するんだ。男にとって結婚とは、だから恋愛の延長線上にあるの。

ということは、今の彼氏と結婚したいと思っている女子は、**彼が人間的に成長するお手**

伝いをすれば、彼に結婚相手として認められる可能性が高くなるといえるね。

女子は恋愛に「キラキラ」や「ラブラブ」を求めがちだろ？　彼とキラキラしたデートをしたいとか、週末は彼とお泊りしてラブラブしたいとか、そんなふうに言う女子って多いじゃない？　ものを考えないで生きているような女子のみならず、お利口さんの女子だってそんなふうに言うよね？

彼だってもちろん、恋愛のキラキラやラブラブを「いいもの」と思っているよ。でも女子ほど「いいもの」と思えないんだ。彼はデート代を工面するために「ラブラブ」よりも仕事をしたいと思っていたりするのね。キラキラしたデートにお金を使うくらいなら、彼女との結婚資金を少しでも多く貯金したいと思っていたりするのね。実際に貯金が多い男子は少ないけど、でも彼はそう思っているんだ。なぜなら、繰り返しぼくが言っているように、男は過去や未来のことについて、女子よりも悩み上手だから。

「今」キラキラしたり、「今」ラブラブしたりすることよりも、なんらかの鍛錬によって人格を形成し、一人前の男として地に足をつけて生きられるようになりたい――これが男のホンネなんだ。何度も言うけど、一見チャラそうに見える男だって、じつはそう思っているんだ。そういうのわかる？

わからないか……あのね、これまた繰り返しになるけど、男は「おれは自己鍛錬して人格形成しなければ！」と切実に考えている自分を彼女に見せることに恥ずかしさを覚えるのね。だからあえてチャラそうにふるまうの。

恋愛において男性がしんどいと思っていることってなに？

すべてだよ。さっきも言ったように、男にとって「彼女」とは完全無欠な女神なんだ。彼女が自分で自分のことを「たいしたことのない女」だと思っていても、そんなことはまったく関係なしに、男はつねに彼女のことを女神だと思っているんだ。そしてこれもさっきから言っているように、どんなに爽やかそうに見える男であっても、こころの中でひそかに、過去や未来のことを陰々鬱々と考えてしまっているのね。彼女のように「今」を愛あふれる時として生きられたらどんなにいいだろうと思いながら。

ところで、一般的には女子のほうが精神年齢が高いと言われているでしょう？　精神年齢が高いというのは、端的に大人だということじゃない？　大人って分別をわきまえている存在でしょう？　分別をわきまえようと思えば、済んだことにいつまでもこだわったり、憎んだり、後悔したりする気持ちとか、先々の世界を不安に思う気持ちとかを、それはそれとして脇に置いておいて、「今」に気持ちを寄り添わせる必要があるよね？　ん？　わからない？

ほかの例を挙げようか。入社試験における学力テストの成績だけを基準に選考をしたら、ほぼ女子ばかりを採用することになると、一般的に言われているらしいのね。ようするに、一般的には女子のほうが学力が高いと言われているの。それはなぜかといえば、女子のこころは男子のそれに比べて、過去に捉われていないからなんだ。女子はまっさらな「今」を受け入れる土壌を、なぜかすでにこころの中に持っているからなんだ。超訳的にいえば、女子は男子に比べて理性が発達しているんだ。対して男子は、なぜかこころが過去につながれしまっているから、目の前の事物に集中しているようでしていないんだ。目の前にあるものを見ているようで見ていないんだ。だから思うように学力が伸びないんだ。

そのような「大人」を相手に恋愛する男は、だから恋愛のすべてがしんどいのさ。逆説的にいえば、**男は「すべてのこと」を女性から教わりつつ生きるしかないんだよ。**

「好き」ってどういう気持ち？

これはさっきも言ったけど、**その人のために自分の時間を明け渡したいと思う気持ちのこと**だね。

『星の王子さま』の中に「本当に大切なものは目に見えない」という言説があるのね。有名なフレーズだから、理子も知っているかもしれないね。その「本当に大切なもの」を、ぼくは時間だと解釈しているんだ。

ん？　お金も大事？

たしかにそうだね。お金も大事さ。でもさ、お金はなくなればまた稼げるじゃない？

でも時間はそうはいかないだろ？　5分失ったから5分くださいなんてわけにはいかないだろ？　ぼくたちは好むと好まざるとにかかわらず、絶えず死に向かって歩いている存在だからね。そうだろ？　ということは、時間って誰にとっても有限なものでしょ？

その限りあるものを相手のために明け渡すこと――これが好きという気持ちだとぼくは考えている。

裸を見られたら恥ずかしいという気持ちの正体とは？

男って、美しいものは秘密を持っていると思っているのね。すなわち、**女子の裸を見ているときの男のホンネとは「そこにある秘密をなんとしても解き明かしたい」**なんだ。

え？　理子は自分の裸を美しいと思ったことがないって？

そういうことは男にとってなんの関係もないことさ。女子が自分の裸を自分でどう思っているのかというのとはまったく独立に、男は好きな女子の裸を美しいものと見なし、その美しいものは絶対になんらか秘密を隠し持っているはずだとなぜか思ってしまうんだ。

だから、男は女子の裸をちらっと見て満足するのではなしに、凝視することでそこに隠されている秘密をなんとしても暴きたいと思うんだ。

凝視されたら当然、恥ずかしいと思うだろ？　思春期の女子であってもなくても、誰だって秘密を暴きたいという熱情でもって裸をガン見されたら恥ずかしいと思うだろ？　端的にそういうことさ。

本当に今の彼と結婚してもいいのかという迷いの正体とは？

ぼくは理子に何回も「今」という時がもつ動きに気持ちを寄り添わせることの大切さを説いてきたね。でも以前も言ったとおり、現実的には、「今」という時って、厳密には特定できないでしょう？　過去と現在と未来が混然一体となっているというのが、人のこころの中にある時の実態でしょう？　ここまでが過去で、ここから先が未来ですと線引きできないのが、ふだん我々が感じている時である以上、すべての時が渾然一体となっているように感じられるのは、ある意味ではしかたのないことさ。

でも、だからこそ、「今」を意識して、それに気持ちを寄り添わせるべきなんだ。むろん、結婚となれば、先々の自分の幸せに関する心配や、経済的な心配などが生まれると思う。

でもね、**そういうときこそ彼と遊ぶべきなんだ。遊ぶというのは、過去や未来に対する懸念があっても、「今」に集中すること**だろ？

この彼となるカネがなくなろうとなにが起きようと、きっと協力しあって生きていけるはず——彼と遊ぶことをとおしてこう確信することが、結婚前の不安な気持ちを薄れさせてくれるよ。

余談だけど、「遊ぶとはなにごとか。けしからん！」とか、「今を生きるなんて、考えなしの愚か者がやることだ。もっと後先のことを考えて遊びたい気持ちを我慢しろ、自制心をもて！　克己心をもて！　人生は臥薪嘗胆《がしんしょうたん》だ！」などと言いたがるのは、日本人の特徴なんだ。

欧米人はそうじゃない。たとえばアメリカはジャズと呼ばれる音楽を生み出したよね。そのジャズには即興演奏があるじゃない？　即興とは、「今」聞える音に合わせて、次の瞬間には消えてしまう音を「今」つくる、ということだろ？　ジャズに見るアメリカ人はなぜか、「遊ぶとはなにごとか。けしからん！」とか、「今を生きるとは、なんて刹那的な愚かな生き方なのか！」とかとは思っていないんだよね。今という時制をそんなふうに恣意的《しいてき》に見ないんだよね。今は今です、過去とは独立に今という時があるんです、としか思っていないのね。

さらに余談。日本人って隠すのが好きじゃない？　日本の政治家は、自分にとって都合の悪いことを隠すじゃない？　場合によっては書類を書き換えたり、シュレッダーで裁断したりしてまで隠すじゃない？　それはなぜかと言えば、端的に、日本人が過去にこだわる性質を持っているからだよ。済んだことにこだわりがなければ、「過去にこういう事実がありました。ごめんなさい、わたしがそうしました。以後、改めます」で話は終わるだろ？　でも**隠すほうも隠されるほうも、いつまでも過去にこだわって「今」をないがしろにする性質を持っている**から隠蔽するし、それがいつまでも問題視される。その必然の結果として、「今」が「今」として機能しない窮屈な世の中になっている。

とにもかくにも、彼とならカネがなくなろうとなにが起きようと、きっと協力しあって生きていけるはず——こう確信できる「遊び」をすることが、結婚前の不安な気持ちを掻き消してくれるよ。

結婚生活を幸せなものにするための秘訣とは？

これも夫婦で一緒に遊ぶことだね。概念的なことを言えば、今を生きることとか、済んだことを忘れるよう夫婦ともに努めること、などと言えるけど、簡単にいえば夫婦で遊ぶことだよ。

夫婦の関係が悪くなるときって、たとえば旦那の稼ぎが悪くなったときとか、夫婦の性生活が貧相になったときだろ？　経済的に困窮したときって、夫婦で遊ぼうという発想じたいがどこかに消えちゃうじゃない？　夫婦の夜の営みが貧相になったときだって、貧相になった原因を奥さんがひとり淋しく考えたりして、旦那と遊ぶどころの話じゃなくなってくるだろ？　たとえばそんなふうに、**夫婦の関係から「遊び」が消えると、夫婦仲はとたんに悪くなる**よね。

え？　旦那が仕事の鬼で、奥さんと遊んでくれなければどうすればいいかって？

奥さんが旦那に「わたしはそこまでしてお金がほしいと思わない。そこまでしてあなたに出世してもらいたいとは思わない」と言えばいいさ。旦那は「おれの稼ぎが悪くなればおれは妻に愛想を尽かされる」と思っているから、仕事ばかりするんだよ。

そもそもさ、男って「女子はカネのない男には見向きもしない」と思っているのね。そういう気持ちって、早ければ高校生くらいには男子のこころに染みつくんだ。大学生になればさらに色濃く染みつく。だってさ、同い年くらいのカネのない男子とではなく、経済的に余裕のある年上の男と付き合う女子が増えるからね。そのような状況において「**カネがないがゆえにモテなかった」というのをいやというほど味わってきたのが旦那**だと思えばいいさ。

だから旦那は、奥さんを置いて、ひとり仕事に奮闘するわけ。仕事もバリバリやって、奥さんのことも存分に楽しませて、自分もおおいに楽しむなんていうスーパーマンみたいには、ふつうはいかないからね。

お金がなければないなりに楽しくやろうよ、わたしはあなたと一緒に楽しく生活できればそれで幸せなの――旦那にこう言うことが、幸せな夫婦生活を送る秘訣だよ。

結婚してもしなくても生きていくうえにおいて大切なこととは？

この問いの答えは、これまでぼくが言ったことの中に多分に含まれているよ。それは端的にいえば、絶えず変化するということさ。**生きていくうえにおいて大切なことは、自分自身を絶えず変化させることであり、変化する自分をつねに楽しむこと**だ。

どうすればいいかって？

これまでぼくが言ったことをもとに、自分で考えてごらん。答えはすぐにいくつも思い浮かぶと思うよ。

＊

やがてせーちゃんは、床に女の子座りしているわたしの膝の上で寝息を立てはじめた。彼はかなり疲れているようだった。

かすかなその音と、規則正しく上下する背中の動きと、脚にじんわりと伝わってくる体温は、わたしのこころを永遠へと誘った。その感覚は、わたしになにかとても大切なことを教えているように感じられた。
わたしはそれに意識を集中させ続けた。

第4章

エピローグ

せーちゃんが恋愛&人生相談に乗ってくれた日から1年が経った。その間、仕事においても、恋愛においても、親との関係においても、さまざまな変化があった。なにから話そう……。

まず、仕事について。

せーちゃんが恋愛&人生相談に乗ってくれた翌週の月曜日、わたしは派遣会社に退職願を提出した。そのわたしを派遣会社の担当者は即座に引き留めた。あなたは派遣先からとても高く評価されているので辞めないでほしいと言われた。時給を2割も（！）引き上げるとも言われた。しかしわたしは派遣契約書にあるとおり、退職願を提出した翌月に退職した。

引き留められると断り切れないわたしの性格が、わたしを責めた。自分のことを必要としてくれている人の期待に応えるのが仕事というものじゃないの？ と、もうひとりのわたしがわたしにささやいた。申し訳なさでいっぱいになった。でもわたしは、変わりたいと思った。だから退職した。

片思いの百瀬さんについて。

退職願を書いたのと同じ日に書いた百瀬さん宛の手紙を、わたしは会社の廊下で彼とすれ違ったときにでも渡そうと思っていた。しかし実際には渡さなかった。なぜなら、渡そうと思った次の瞬間、わたしの口を突いて出た言葉は「今度一緒に飲みに行ってくれませんか？」という言葉だったからだ。百瀬さんはわたしの誘いにふたつ返事でＯＫしてくれた。わたしはおおいに面食らった。

百瀬さんと飲みながらわかったことだけど、百瀬さんも以前からわたしのことが気になっていたようで、わたしたちはその場で付き合うことになった。

わたしは彼に退職する旨を伝えた。辞めてどうするの？　と訊く百瀬さんに、通信制の大学で哲学を勉強しながら教職免許を取りたいと伝えた。すると彼は、大学生のあいだは経済的に大変だろうからぼくと一緒に住まないか、そして理子が大学を卒業して教員になれば結婚しようと言った。いきなり結婚とな！　とわたしは驚いた。直後、狂喜乱舞したい気持ちに襲われて、挙動不審になったのだった。

彼とはその年の秋に同棲を始めて、現在にいたる。

親との関係について。

価値観も生き様も異なるさまざまな人のことを認め、受け入れましょうと世間では言われているけれど、そういうのって、親との関係を攻略してしまえばさほどむずかしいことではないようにいまのわたしには感じられる。せーちゃんがわたしに言ったように、たまたま偶然、わたしの親はわたしの親なのであり、わたしはたまたま偶然、その親の子なのだと思えば、両親とソリが合わなかろうが、両親がわたしになにを言ってこようが気にならなくなったのだった。気にならないどころか、わたしとはちがう価値観をもち、懸命に生きている両親のことがいとおしく思えてくるのだった。

そのような自分の考え方の変化に、わたしはおおいに驚いた。親との関係にあんなに悩んでいたのに、たまたま偶然という考え方をせーちゃんから教わってからというもの、まったく悩まなくなってしまったのだから。

現在のわたしについて。

同棲開始とほぼ同時に、わたしは都内の通信制大学に通いはじめた。短大卒で編入したから3年次編入扱いだった。希望通り哲学科に学びつつ、教職課程も取っている。

過日せーちゃんが言った「哲学はつまらない」という言葉の意味が、いまではとてもよく理解できる。哲学には2種類あって、ひとつは西洋哲学を正しく解釈しようとするお勉強としての哲学。もうひとつは、せーちゃんがやっていたように、既存の哲学を使って自分で哲学をする哲学。前者はつまらなく、後者は楽しい。でも前者をそこそこやっておかないと後者ができないので、自分なりにがんばって勉強しているつもり。

ちなみに教職課程もさほど面白くない。左がかった思想の先生や学生がなぜか多く、わたしは彼ら／彼女らにさほど興味を抱けない。でも、彼ら／彼女らがどうであれ、将来の教場には自分に自信をもちたくてももてない生徒が何人もいるはずだし、なんとなく淋しいという思いを抱えたまま前にも後ろにも行けず、困り果てている生徒も何人もいるはずだ。すなわち、わたしの後輩たちがいるはずだ。そう思うと俄然やる気が湧いてくるのだった。

最後にもっとも大切なことを語らなくてはならない。ほかでもないせーちゃんのことだ。あの恋愛&人生相談から2か月ほどたった夏の終わりのある日、彼はあざみ野のわたしの部屋を出ていった。せーちゃんはその時、「安心したから出ていく」と言った。「安心したってなにが?」とわたしは尋ねた。

——理子がまっすぐに生きていけるとわかったから安心したんだ。ぼくの役目は終わった。

そう言ってせーちゃんは毛づくろいを始めた。身体をきれいにしてからこの部屋を去りたいのだろうとわたしは思った。

毛づくろいをするせーちゃんをぼんやり眺めながら、でもわたしは淋しくなかった。彼はわたしのこころの中に永遠に生き続けることが、わたしにはわかっていたからだった。彼が物理的に遠く離れても、こころの中で彼に話しかけさえすれば、彼はいつでもわたしに寄り添ってくれると、なぜかとても強く確信できたのだった。

わたしは彼に尋ねた。「せーちゃんにとって神様ってなに?」

彼は毛づくろいを中断して遠い目をした。そして応えた。

「ぼくにとっての神様とは、究極的にはキリスト教の神様のことではないんだ。ぼくのことを研究している学者たちは『キルケゴール=キリスト教』と考えているけど、そうじゃないんだよ。ぼくにとっての神様とは、いわば宗教的な神様の向こう側にいる存在なんだよ」

「宗教的な神様の向こう側にいる存在？」

「ぼくは思うんだけど、たとえばベートーヴェンもゴッホもぼくも同じなのさ。ベートーヴェンは音楽を通して、自分だけの神様に限りなく肉薄しようとした。交響曲第9番なんてまさにそういう曲だ。ゴッホは足元に生えている雑草や糸杉などに自分だけの神様を見て、絵を描くことをとおして神様とかなり純度の高い対話をした。ぼくは言葉を用いて自分だけの神様に近づこうとした。その神様とは、直接的にはイエスだったから、後世の研究者たちは『キルケゴール＝キリスト教』と言っている。でもそうやって簡単にまとめてほしくないんだ。宗教的な神様の向こう側にいる存在、それがぼくにとって本当の神様なんだ。その存在と絶えずこころの中で対話すること、それがぼくにとって本当の信仰なんだ」

「そっか……」

腑に落ちていないわたしを知ってか知らでか、せーちゃんは続けた。「あのね、自分だけの神様を感じようと思えば、たえず神様とこころの中で対話する必要があるんだ。つねに『神様はどうお考えですか？』とか『わたしはどう生きるといいのでしょうか』などと、こころの中で神様と対話する必要があるんだ」

「つねに？　つねにって、いつ？」

「『今』対話するんだ。『いつでも』対話するんだ。わかるか？」せーちゃんは語気をとても強めてそう答えた。はじめて聞く彼の激しい物言いに驚くわたしに、せーちゃんは小声で「ごめん」と言った。そしてやさしい声色に戻って続けた。

「瞬間が大切なんだ。たとえば、もっとお金があればとか、もっとインスタ映えする部屋に住んでいればとか、そう思う自分がいるとするだろ？　他方、そんなふうに見栄えのする暮らしを望むのとは独立に、この世に生まれてきた以上は社会に貢献できる仕事に就いたほうがいいのではないかという気持ちもあるとするだろ？」

「うん、ついこの前までのわたしみたいに、この世的なものと神様的なもののふたつのものの間で葛藤している状態ね」

「そうだね。この世的な楽しさを求める気持ちと、自分の使命というか神様的なものを思う気持ち、このふたつの気持ちが絶えず理子の中で葛藤していたね」

「うん、してた」

「そうやって葛藤する瞬間こそが、生きるということなんだ。葛藤ってこころの動きのことだろ？　だから人生とは動きのことだし、動きそれじたいが人生の意味なんだよ。もちろん、人生に意味はないという意味も含めてね」

「なるほど、そっか……。せーちゃんの哲学って、運動の哲学だということがわかった」

「運動の哲学……理子、うまいこと言うね。神意もぼくも理子も、『今』という時も、自分が捉える自分という存在もみんな、つねに変化している動的な存在だからね」

「だから、絶えず神意を尋ね歩くと……そういうこと？」

「そうだ。つねに変化している『わたし』が、絶えず変化している神意を、つねに尋ねること。別の言い方をするなら、絶えず変化している自分自身とか、他者とか、『今』という時とか、そういうものの変化を『今』感じとること。頭で理解しようとするんじゃなくて、感じること。それこそが生きるということだし、ぼくが終生追究し続けた『わたしだけの真理』なんだよ」

やがてせーちゃんはふたたび毛づくろいを始めた。

毛づくろいを終えた彼は、この部屋を去る直前、3つのことをわたしに言った。

ひとつは、わたしのうわさを聞きたいということだった。

――理子、ぼくは理子のうわさを聞きたい。理子がひとかどの教師になって、生徒たちに慕われている、そんなうわさを聞きたい。

ふたつめは、目に見えないものを信じなさいということだった。

――いいかい？　理子。目に見えないものを信じるんだ。地下に向かって伸び、地下に花を咲かせる植物の存在を、理子は信じなさい。

3つめは、大丈夫、だった。

――理子は大丈夫。もしも理子がふたたび本当に困ったら、ぼくはきっとまたネコの姿を借りて理子のもとにやってくるだろう。神様がそのようにセッティングしてくれると思う。でも万が一、ぼくが来られなくても理子は大丈夫だ。いいかい？　理子は大丈夫だ。

せーちゃんはそう言い残して、わたしが開けてあげた扉から出て行った。せーちゃんの姿が見えなくなるまで、わたしはずっと彼のことを見つめていたけれど、彼が振り向くことはなかった。

せーちゃんが出て行った扉をそっと締めた瞬間、わたしの視界は涙でにじんだ。

＊

このごろ、わたしは毎朝早起きして暁《あかつき》の空を眺める。言葉にない色を次々に見せる空が好きだからだ。そこには芸術がある。神様がいる。せーちゃんがいる。だからわたしは、同棲している百瀬さんを起こさないようそっとベッドを抜け出し、マンションの屋上へと続く階段をのぼる。どんな日であっても、かならず東の空に太陽が顔を出すことをわたしは知っている。

生まれたての朝日を浴びながら、わたしはこころの中で「せーちゃん、おはよう」と言う。「理子、おはよう」とせーちゃんが応える。

太古の記憶の塊のような巨大な雲はゆるやかに南へと流れ、あとには生まれたての朝日に照らされる家々の屋根や窓のきらめきが残る。それらはほんの束の間目を離した次の瞬間、色彩を変える。しかしわたしはそのことを哀しいとは思わない。おそらくはこの惑星でしか見ることのできない光輝に、ただ魅了されるだけだ。その受動的ともいえる態度の内奥は、まぎれもなく希望のものだ。

そう、わたしはきっと大丈夫なのだ。

自己自身になるということは、その場所での運動に他ならない

キルケゴールはたとえばこのように言います（鈴木祐丞訳（2017）64ページ6行目。「可能性の絶望」について書かれているページ）。ここでキルケゴールが言っている「自己になる」とは、簡略化していうなら、絶望からもっともほど遠い心的状態になることで、「その場所」とは、絶望している心的状態のことです。「運動」は、葛藤すること、といった意味でしょうか。ようするに、絶望からもっともほど遠い心的状態になるとは、「別の人間」を目指してここではないどこか別の場所に行くことではなく、今葛藤することそれじたいなのだとキルケゴールは言っているのです。希望は葛藤から生まれると、キルケゴールは言っているのです。すなわち、彼の哲学は極めて動的なのです。

運動とは動いているということであり、その動きを静的であることを宿命づけられている言葉を用いて正確に表現することは、原理的に不可能です。キルケゴールはこの原理的に不可能なことに挑みました。しかし、後世の学者の多くは、「動き」を表現している「言葉」のみを静的に捉え、静的に解釈しようと試みました（とぼくには感じられます）。したがっ

て、学問の世界でよく目にする「キルケゴール解釈」においては、彼のトレードマークである人間くささが後景化し、信仰心の篤さが前景化しているのです。一般社会では、彼の「憂愁」という言葉に自分を見た人たちが、キルケゴール哲学にすがっているのです（と、ぼくには感じられます）。本当は、彼の哲学は、ニンニクがしっかり効いている料理のように食欲を増進させてくれるし、健康にいいし、美容にもいいのに！　生きる希望を自家発電するのにもってこいの哲学なのに！

でも、それがひとつの限界――動的なものを静的言語で説明する限界――かもしれないと思います。人間の言語能力（理性）と感性の折り合いの悪さを思えば、そう思わざるをえないのかもしれないと思います。

さて、執筆の参考にした文献一覧を巻末に載せます。その理由はふたつあります。ひとつは、参考にさせていただいた本の著者に対する謝意と敬意からです。とくに、鈴木祐丞氏と永井均氏の著書にお世話になりました。おふたりの本に出合わなければ、本書はこの世に存在しませんでした。心より御礼申し上げます。また、それらの本に出合うきっかけを与えてくださった中澤瞳先生にも御礼申し上げます。ありがとうございました。

今ひとつは、この本を「閉じられた世界」にしたくないからです。読者には本書を「ただの入り口」と捉えていただき、本書に没入するのではなく、より広く深い世界へと向かっていただきたいのです。たとえば、豊潤なるキルケゴールの原書の世界へ。あるいはキルケゴール以外の哲学の世界へ。

ぼくは自分の読書体験から、閉じられた世界を構築している本がどうしても好きになれません。閉じられた世界観をもつ創作物にどっぷりと首まで浸った経験は、最終的に、騙されたという気持ちをぼくの中に萌芽させてしまったからです（騙されたと思うことそれじたいが、絶望している人の特徴であるわけですが。また、むろん著者たちにぼくのことを騙す意図など微塵もなかったはずだというのは言うまでもないことです）。そのような経験から、「開かれた」書物をつくりたいと思いました。そのためには、本書の種、すなわち参考文献を開示する必要があると考えました。

誰もが簡単に哲学の世界に入れるけれど、他人の入り口から入ることだけは絶対にできない――永井均氏のこの言葉をぼくはとても気に入っています（永井均（１９９６）pp.209-10要約）。なんらかに対する峻厳な覚悟と、まったく透明な謙虚さを感じるからです。ひとり素手でどうにかしてきた、「大人」を感じるのです。

最後に。お互いにつねに変化し続ける存在でいましょう。変化し続ける存在として、いつかどこかでふたたびお会いできたなら、それがもっともうれしいことではないですか？

この原稿には多くの人にとって必要不可欠なことが書かれているから、なんとしても出

版したい——後尾和男氏の鋭気に満ちたこのお気持ちがなければ、本書が世に出ること
はありませんでした。また、編集の板倉義和氏、装丁のテラカワアキヒロ氏、並びに、素敵
なイラストを描いてくださった大高郁子氏のご尽力がなくても、本書が日の目をみること
はありませんでした。この場を借りて感謝申し上げます。ありがとうございました。

最後になりましたが、読者に感謝いたします。ありがとうございます。

ひとみしょう

2020年5月

キルケゴールの著作は、以下の邦訳書を使用した。
浅井真男訳（１９７５）『キルケゴール　誘惑者の日記』
松浪信三郎・飯島宗享訳（１９７５）『キルケゴール 死にいたる病／現代の批判』白水社
斎藤信治訳（１９７９）『不安の概念』岩波書店
桝田啓三郎訳（１９９６）『死に至る病』筑摩書房
飯島宗享訳（２０００）『初恋』未知谷
鈴木祐丞訳（２０１７）『死に至る病』講談社

＊

泉朝子（２０１３）「『最後の恋人』を読んで」残雪研究会『残雪研究』第五号（pp.137-142）
内田樹（２００４）『死と身体――コミュニケーションの地場』医学書院
――――（２００７）『下流志向　学ばない子どもたち 働かない若者たち』講談社
――――（２０１５）『困難な成熟』夜間飛行
――――（２０１９）『生きづらさについて考える』毎日新聞出版
宇野邦一（２０２０）『ドゥルーズ　流動の哲学［増補改訂］』講談社
大澤真幸・永井均（２０１８）『今という驚きを考えたことがありますか　マクタガートを超えて』左右社
大谷長・大屋憲一編（１９９２）『キェルケゴールと日本の仏教・哲学』東方出版
河上正秀（１９９１）「「倫理的なもの」をめぐって ウィトゲンシュタインのキルケゴールへのまなざし ―「倫理的なもの」をめぐって―」筑波大学哲学・思想学会『哲学・思想論叢』第17号（pp.71-82）
https://tsukuba.repo.nii.ac.jp/?action=pages_view_main&active_action=repository_view_main_item_detail&item_id=5783&item_no=1&page_id=13&block_id=83（最終閲覧日：２０２０年1月26日）

――（１９９４）「ハイデガーによるキルケゴール思想の受容：ドイツ今世紀初頭におけるキルケゴール思想の影響・受容の局面(6)」筑波大学哲学・思想学系『哲学・思想論集』第19号（pp.1-18）
https://tsukuba.repo.nii.ac.jp/?action=pages_view_main&active_action=repository_view_main_item_detail&item_id=52006&item_no=1&page_id=13&block_id=83（最終閲覧日：２０２０年３月５日）
甲田純生（２００６）『「星の王子さま」を哲学する』ミネルヴァ書房
崎川修（１９９９）「沈黙と信仰：キルケゴールとウィトゲンシュタインをめぐる３章（特集　哲学と宗教）」上智哲学誌編集委員会『上智哲学誌』第12号（pp.49-62）
https://digital-archives.sophia.ac.jp/repository/view/repository/00000010846（最終閲覧日：２０２０年１月26日）
佐渡裕（１９９５）『僕はいかにして指揮者になったのか』はまの出版
サルトル・J（松浪信三郎訳）（２００７）『存在と無　現象学的存在論の試みⅠ』筑摩書房
残雪（近藤直子訳）（２００８）「わたしのあの世界でのこと――友へ」『世界文学全集Ⅰ・０６／暗夜』河出書房新社
鈴木祐丞（２００７）「キェルケゴールの１８４８年の信仰的突破について」キルケゴール協会『新キェルケゴール研究』第５号（pp.40-52）
https://www.kierkegaard.jp/kenkyu5/suzuki.pdf（最終閲覧日：２０１９年８月５日）
――（２００９）「キェルケゴールの信仰観についての一考察」キルケゴール協会『キェルケゴール研究』第７号（pp.20-36）
https://www.kierkegaard.jp/kenkyu7/suzuki.pdf（最終閲覧日：２０１９年８月５日）
――（２０１０）「『死に至る病』における「絶望の弁証法」についての考察」キルケゴール協会『新キェルケゴール研究』第８号（pp.66-82）
https://www.kierkegaard.jp/8suzuki.pdf（最終閲覧日：２０１９年８月５日）
――（２０１４）「キェルケゴールの信仰と哲学―生と思想の全体像を問う―」ミネルヴァ書房
――（２０１４）「生に対する真剣さ：キェルケゴールの魅力」キルケゴール協会『新キェルケゴール研究』第12号（pp.54-62）
https://kierkegaard.jp/12suzuki.pdf（最終閲覧日：２０１９年８月５日）
――（２０１６）『キェルケゴールの日記―信仰と哲学のあいだ』講談社
竹之内裕文（２００３）「「瞬間」（Augenblick）と「突如」（exaiphnēs）：ハイデガーのキルケゴール批判をめぐって」東北哲学会『東北哲学年報』19巻（pp.29-45）
https://www.jstage.jst.go.jp/article/tpstja/19/0/19_KJ00003906010/_article/-char/ja/（最終閲覧日：２０２０年３月５

日）
谷塚巌（2018）「キルケゴールとコミュニケーションの問題再考」京都大学キリスト教学研究室『キリスト教学研究室紀要』第6巻（pp.33-52）
https://repository.kulib.kyoto-u.ac.jp/dspace/bitstream/2433/230525/1/arcs_06_33.pdf（最終閲覧日：2020年2月22日）
――（2018）「「単独者」の基本理解」キルケゴール協会『新キェルケゴール研究』第16号（pp.68-108）
https://kierkegaard.jp/wpcontent/uploads/2018/08/ 6a55e0bcb93fafe2e5ed5b3a08b666d7.pdf（最終閲覧日：2019年8月5日）
ドゥルーズ・G（財津理訳）（2007）『差異と反復 上』河出書房新社
轟孝夫（2017）『ハイデガー『存在と時間』入門』講談社
永井均（1995）『翔太と猫のインサイトの夏休み―哲学的諸問題へのいざない―』ナカニシヤ出版
――（1995）『ウィトゲンシュタイン入門』筑摩書房
――（1996）『〈子ども〉のための哲学』講談社
――（2000）『なぜ悪いことをしてはいけないのか』ナカニシヤ出版
――（2004）『私・今・そして神――開闢の哲学』講談社
――（2005）「主体は自己ではない（巻頭言）」千葉大学大学院社会文化科学研究科『千葉大学社会文化科学研究科研究プロジェクト報告書　第101集「主体概念の再検討」』（pp.1-2）
http://opac.11.chiba-u.jp/da/curator/900022918/（最終閲覧日：2020年4月14日）
――（2014）『哲おじさんと学ぶくん』日本経済新聞出版社
――（2016）『存在と時間　哲学探究1』文藝春秋
――（2016）『改訂版　なぜ意識は実在しないのか』岩波書店
――（2018）『西田幾多郎　言語、貨幣、時計の成立の謎へ』角川書店
――（2018）『世界の独在的存在構造――哲学探究2』春秋社
長門裕介（2014）「実存の哲学と人生の意味の哲学　人生の時間的構造を巡って」『現代思想　2月号 vol.42-2』青土社（pp.146-55）
ハイデガー・M（細谷貞雄訳）（1994）『存在と時間（上）（下）』筑摩書房

橋本淳（1976）『キェルケゴールにおける「苦悩」の世界』未来社
――編・訳（1985）『セーレン・キェルケゴールの日誌』未来社
――（2014）『セーレン・キェルケゴール　北シェランの旅――「真理とは何か」』創元社
藤野寛（2007）「キルケゴール」『哲学の歴史9』中央公論新社（pp.216-61）
――（2014）『キルケゴール』岩波書店
桝田啓三郎（1966）「解題」『世界の大思想24』河出書房新社（pp.496-505）
松浪信三郎（1962）「解説」『キルケゴール著作集　第11巻　死にいたる病・現代の批評』白水社（pp.269-304）
務台理作（1968）『思索と観察』勁草書房
山﨑眞紀子（2010）「直子の乾いた声――村上春樹『ノルウェイの森』論、『めくらやなぎと眠る女』とともに。」札幌大学『札幌大学総合論叢』第29号（pp.212-38）
https://sapporo-u.repo.nii.ac.jp/?action=pages_view_main&active_action=repository_view_main_item_detail&item_id=933&item_no=1&page_id=13&block_id=17（最終閲覧日：2019年12月19日）
養老孟司（1989）『唯脳論』青土社
――（1997）『臨床哲学』哲学書房
――（2014）『希望とは自分が変わること』新潮社
――（2014）『「自分」の壁』新潮社
和辻哲郎（1915）『ゼエレン・キエルケゴオル』内田老鶴圃

自分を愛する方法

恋の悩みに効くキルケゴール哲学

2020年8月3日　第1刷発行

著者　ひとみ しょう
発行人　後尾 和男
編集協力　板倉 義和
装丁・組版　テラカワ アキヒロ（Design Office TERRA）
イラスト　大高 郁子
発売元　株式会社 玄文社
〒108-0074 東京都港区高輪 4-8-11-306
印刷・製本　新灯印刷 株式会社

©Sho Hitomi 2020, Printed in Japan
ISBN 978-4-905937-38-8

本書は著作権上の保護を受けています。
本書の一部または全部を、いかなる方法においても
無断で複写、複製、転載、テープ化、ファイルに落とすことは禁じられています。
落丁、乱丁がございましたら発売元までお送り下さい。交換いたします。
定価はカバーに表示してあります。